はじめに

「学校の勉強が難しい」と感じている子どもは、どのくらいいるのでしょうか。文部科学省が2012年に行った調査によると、通常学級の中で学習に困難さをもつ児童・生徒の割合は6.5％と言われており、近年は、学校の中でもそういった子どもへの理解が深まり、支援が広がっています。しかし、それでもまだ、クラスの中にはSOSを発信できず、一人で困っている子どもがたくさんいるのではないかと感じています。

勉強について、「面倒くさい」「やりたくない」と言う子どもの背景には、読み書きや計算の苦手さや困難さがあるのかもしれません。そのような子どもの学びに必要なのは、その子の「得意なこと」「苦手なこと」が理解され、ていねいにサポートされることや、楽しく学びながらステップアップできる学習体験です。

さくらんぼ教室では、30年以上にわたって子ども一人ひとりに合わせた学習指導を実践してきました。本書は、さくらんぼ教室の教材をもとに「学校やご家庭でも楽しく学習してほしい」という願いからできたドリルです。

本書で扱っているのは、小学校段階の国語・算数の中でも、練習を積み重ねることで習得できる、漢字・計算の基礎です。学年にかかわらず、「すてっぷ」1～6の中から、子どもにとって「ちょうどよい」「楽しくできる」段階を選び、一人ひとりの学び方に合わせて繰り返し使用することができます。子ども自身がオリジナルの文を作って書いたり、自由に問題を作ったりできる「練習プリント」と併せてご活用ください。

先生方や保護者の方には、子どもの取り組みを（文字のていねいさや誤りが気になったとしても）まずほめてあげていただきたいと思います。学習の中で、「苦手」な部分が目立つ場合は、注意するのではなく、「うまくいく方法」を一緒に考えてあげることが必要です。ほかの子とペースや学び方が異なっても、その子に合うやり方を工夫していけばよいのです。

本書が子どもの「やってみよう」の入り口となり、その後の学びと自信につながっていくことを願っています。

2021年4月　　　監修　伊庭葉子

先生方、保護者の方々へ

一人ひとりに合うすてっぷを選んで、
「できる」ところからステップアップ！

- 「すてっぷ」１～６の数字は、小学校の学年と対応しています（例：「すてっぷ１」は、小学校１年生で習う漢字と計算を収録。すてっぷ２～6は、小学校２年生～６年生に習う漢字の中から選んだ各100字と、計算を収録）。
- 学年にとらわれず、お子さんの得意・不得意に合わせて、ちょうどよい「すてっぷ」を選べるので、通級指導教室や特別支援学級・学校での個別指導に活用できるほか、家庭学習用教材としても役立ちます。
- 「練習プリント」を活用することで、さらに個々に合わせた学びが広がります。学校やご家庭でもお子さんと一緒にたくさん問題を作ってみてください。

自分のペースで学べる、一人ひとりに合ったステップ形式

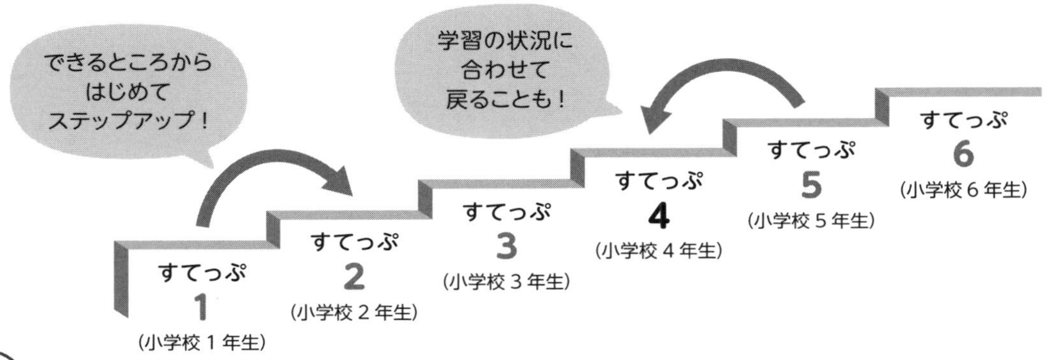

このドリルの特長

① 学びやすいサポートが入っているので、「できた！」が実感できる！

- 難易度に応じて、**きめ細やかな解き方のポイントや解答のヒント**が入っており、お子さんの学びをサポートします。
- 「読めるかな」「読んで書こう」「スペシャル問題」などの課題を進めるごとに、**「できた！」が実感でき、自信につながり**ます。

② 繰り返し練習することで、漢字や計算の基礎が身につく！

- 付属の**CD-ROMからPDFデータをプリントして**、何度も使えます。
- 「練習プリント」を使って、**オリジナル問題を作りながら、何度も練習**できます。
- 繰り返し学習を積み重ねることで、**少しずつ基礎的な力がついて**いきます。

③ 学習につまずきのある子、学習習慣がついていない子も自分のペースで学べる！

- 漢字、計算ともに**無理なく1日1ページずつ進められるよう、負担のない問題数にし、文字の大きさを工夫**しています。

④ 子どもたちの生活の中で考える、イラストを使った身近で楽しい問題！

- 問題を具体的にわかりやすくとらえられるように、**親しみのある、楽しいイラストが**入っています。
- 漢字には文を作る問題、計算には生活につながる問題が入っており、**漢字や計算を生活の中で考えたり使ったりできるように**なります。
- 小学校４年生で学ぶ都道府県の名前も楽しみながら練習できます。

すてっぷ４の学習の順序

❶ 「漢字」「計算」のはじめのページでは、これから学ぶことを確認します（今できていることをチェックしてみましょう）。

❷ 「漢字1～30」、「計算1～32」に取り組みましょう。 漢字・計算ともに1日1ページを目安としています。漢字については解答が明示されていない問題に限り、計算については解答のあるすべての問題について、「答え」（漢字は44ページ、計算は84ページ～）が掲載されています。

※「漢字1～30」では、小学校４年生で習う漢字から選んだ100字（都道府県名を含む）を扱っています。漢字を身近に感じながら覚えられるように、訓読み（ひらがな表記）→音読み（カタカナ表記）の順で、主な読み方のみを掲載しています。小学校４年生で習うすべての漢字とその読み方については「すてっぷ4の漢字」（36ページ）を参照してください。

❸ 終わったら「練習プリント」（漢字は38ページ～、計算は78ページ～）を使用して、自分に合う問題を作って練習しましょう（最初は先生や保護者の方が、問題をたくさん作ってあげてください。「漢字1～30」で取り上げていない漢字については、「すてっぷ4の漢字」を参考に「練習プリント」で取り組んでください）。

❹ 自信がついてきたら、「チャレンジテスト」（漢字は42ページ～、計算は82ページ～）に挑戦してみましょう！　終わったら、できなかった部分や、もう一度取り組みたい部分のページに戻って復習しましょう。

❺ 「チャレンジテスト」が「できた！」と実感できたら、次のステップ（すてっぷ5）へ進みましょう。

目次

付録 CD-ROM について

本書の付録 CD-ROM には、「漢字1～30」、「計算1～32」、「練習プリント」、「チャレンジテスト」が収録されています。PDF 形式のデータとなっておりますので Adobe Acrobat Reader（無償）がインストールされているパソコンで開いてお使いください。

※CD-ROM に収録されたデータは、購入された個人または法人が私的な目的でのみ使用できます。第三者への販売・頒布はできません。

※本製品を CD-ROM 対応以外の機器では再生しないようにしてください。再生の方法については各パソコン、再生ソフトのメーカーにお問い合わせください。CD-ROM を使用したことにより生じた損害、障害、その他いかなる事態にも弊社は責任を負いません。

※CD-ROM に収録されているデータの著作権は著作者並びに学事出版株式会社に帰属します。無断での転載、改変はこれを禁じます。

イラスト：池野なか、石山綾子

すてっぷ4
漢字

●すてっぷ４の漢字《かんじ》を楽《たの》しく練習《れんしゅう》しながら覚《おぼ》えましょう！

すてっぷ4の力《ちから》をチェック！

- □ すてっぷ3までの漢字《かんじ》（小《しょう》3で習《なら》う漢字《かんじ》）を読《よ》むことができる。
- □ すてっぷ3までの漢字《かんじ》（小《しょう》3で習《なら》う漢字《かんじ》）を書《か》くことができる。
- □ すてっぷ4の漢字《かんじ》（小《しょう》4で習《なら》う漢字《かんじ》）をいくつか読《よ》むことができる。
- □ すてっぷ4の漢字《かんじ》（小《しょう》4で習《なら》う漢字《かんじ》）をいくつか書《か》くことができる。
- □ 地図《ちず》を見《み》て、日本《にっぽん》の都道府県名《とどうふけんめい》がいくつか言《い》える。
- □ すてっぷ3までの漢字《かんじ》を使《つか》って、文《ぶん》を作《つく》ることができる。
- □ 知《し》っている漢字《かんじ》を使《つか》って、日記《にっき》や作文《さくぶん》が書《か》ける。
- □ 漢字《かんじ》をていねいに書《か》ける。

すてっぷ
4
漢字 1

（　　）月（　　）日（　　）曜日

位　伝　低

くらい　イ

位

イ

つた（える）　デン

伝

イ

◉にんべんとは？
（人《ひと》が横《よこ》を向《む》いた形《かたち》が元《もと》になっています。）

イ

第《だい》一《いち》位《い》

伝《でん》言《ごん》

高《こう》低《てい》

ひく（い）　テイ

低

イ

◉読《よ》んで書《か》こう。

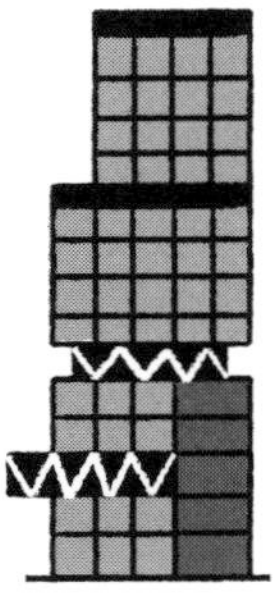

高《たか》い　ビル

↕

低《ひく》い　ビル

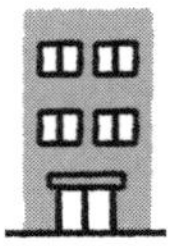

手《て》伝《つだ》い

いつもどんなお**手《て》伝《つだ》い**をしている？

練習プリント①②③④（38～41ページ）を使《つか》ってたくさん練習《れんしゅう》しよう。

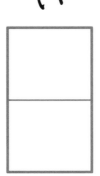

すてっぷ
4
漢字 2

（　　　）月（　　　）日（　　　）曜日

信　便　例

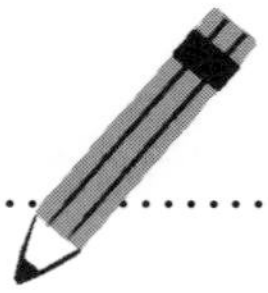

信　シン

便　たよ（り）　ベン　ビン

◉読《よ》んで書《か》こう。

通信《つうしん》

便利《べんり》

例　たと（える）　レイ

◉例《れい》を書《か》こう。

果物《くだもの》の　例《れい》

（例《れい》）いちご　りんご

魚《さかな》の　例《れい》

あいさつの　例《れい》

練習プリント①②③④（38～41ページ）を使《つか》ってたくさん練習《れんしゅう》しよう。

すてっぷ
4
漢字 3

(　　　)月(　　　)日(　　　)曜日

候　健　働

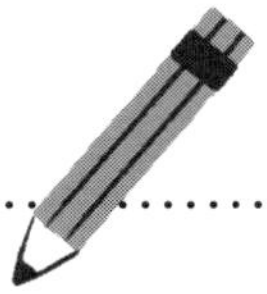

候 コウ

健 ケン

働 はたら(く) ドウ

◉読《よ》めるかな?

気候《きこう》

健康《けんこう》しんだん

◉読《よ》んで書《か》こう。

労働《ろうどう》

※働《はたら》くこと。

どんな仕事《しごと》があるかな?

天候《てんこう》

健康《けんこう》

健康《けんこう》でいるために、どんなことに気《き》をつけたらいい?

練習プリント①②③④(38～41ページ)を使《つか》ってたくさん練習《れんしゅう》しよう。

（　　　）月（　　　）日（　　　）曜日

泣　清　漁

泣　な（く）

清　きよ（い）　セイ

◉さんずいとは？
（流《なが》れる水《みず》の形《かたち》が元《もと》になっています。）

氵

泣《な》き声《ごえ》

清書《せいしょ》

漁　リョウ　ギョ

◉読《よ》んで書《か》こう。

漁業《ぎょぎょう》

大漁《たいりょう》

※魚《さかな》などのえものがたくさんとれること。

漁《りょう》でとれるものには、どんなものがある？

練習プリント①②③④（38～41ページ）を使《つか》ってたくさん練習《れんしゅう》しよう。

（　　）月（　　）日（　　）曜日

法　浅　満

法　ホウ

浅　あさ（い）

◉反対《はんたい》の意味《いみ》の漢字《かんじ》を書《か》こう。

深《ふか》いプール　↔　□《あさ》いプール

満　み（たす）　マン

未満《みまん》

※その数《かず》よりも小《ちい》さいこと。

◉読《よ》んで書《か》こう。

十才未満《じっさいみまん》

方法《ほうほう》

※「やり方《かた》」のこと。

練習プリント①②③④（38～41ページ）を使《つか》ってたくさん練習《れんしゅう》しよう。

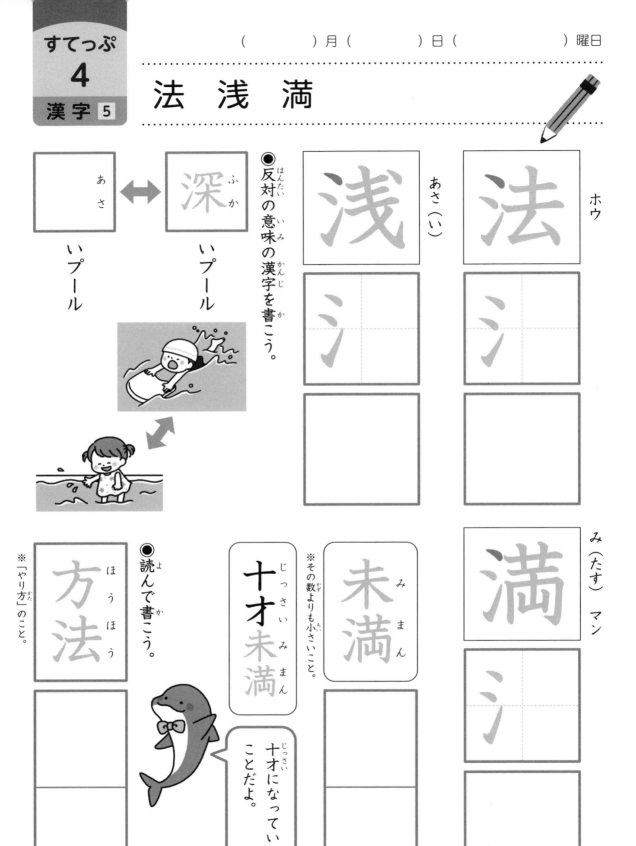

（　　　）月（　　　）日（　　　）曜日

機 械 材

キ
機
木

カイ
械
木

◉きへんとは？
（木《き》の形《かたち》が元《もと》になっています。）

木

機械《きかい》

飛行機《ひこうき》

材木《ざいもく》

※家《いえ》などをつくるための木《き》。

ザイ
材
木

◉読《よ》んで書《か》こう。

機械《きかい》

※人間《にんげん》が作《つく》り出《だ》したそう置《ち》のこと。

機 のつくものをさがして書《か》こう。

（例《れい》）計算機《けいさんき》

練習プリント①②③④（38～41ページ）を使《つか》ってたくさん練習《れんしゅう》しよう。

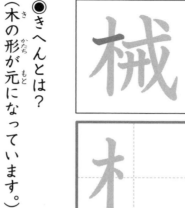

すてっぷ 4
漢字 7

（　　　）月（　　　）日（　　　）曜日

松　極　標

松
まつ　ショウ

極
キョク

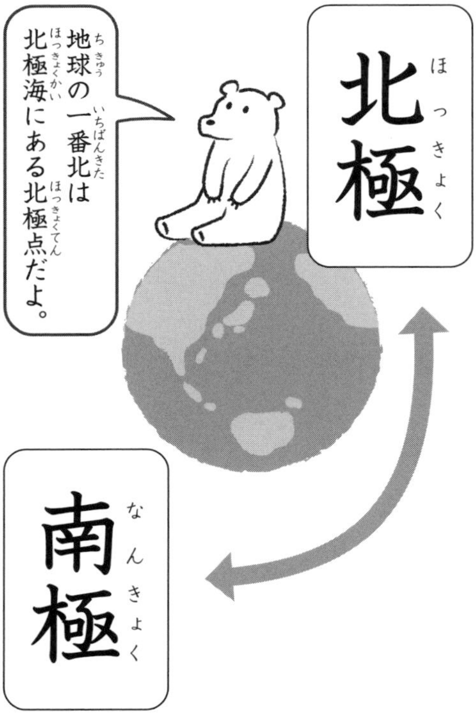

標
ヒョウ

◉読《よ》んで書《か》こう。

目標《もくひょう》

※目指《めざ》すもの。目当《めあ》て。

あなたの今《いま》の**目標**《もくひょう》を書《か》こう。

練習プリント①②③④（38～41ページ）を使《つか》ってたくさん練習《れんしゅう》しよう。

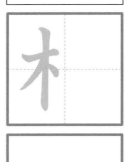

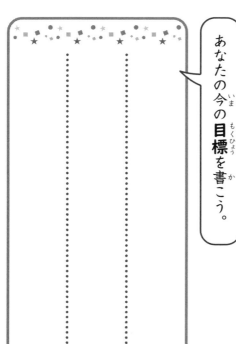

（　　　）月（　　　）日（　　　）曜日

完　官　察

完　カン

官　カン

◉うかんむりとは？
（屋根《やね》の形《かたち》が元《もと》になっています。）

家《いえ》

宿《やど》

完成《かんせい》

宀

家《いえ》と宿《やど》は小《しょう》２・３で習《なら》った漢字《かんじ》です。

察　サツ

◉読《よ》んで書《か》こう。

けい察官《さつかん》

観察《かんさつ》

※よく見《み》ること。

練習プリント①②③④（38～41ページ）を使《つか》ってたくさん練習《れんしゅう》しよう。

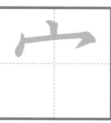

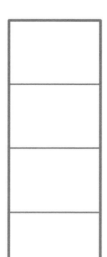

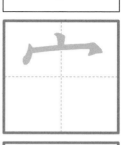

すてっぷ
4
漢字 9

（　　　）月（　　　）日（　　　）曜日

芽　英　菜

芽　めガ

英　エイ

◉くさかんむりとは？
（生《は》えている草《くさ》の形《かたち》が元《もと》になっています。）

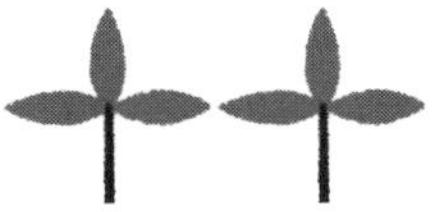

艹

花《はな》

草《くさ》

発芽《はつが》

※芽《め》が出《で》ること。

花《はな》・草《くさ》は小《しょう》1で習《なら》った漢字《かんじ》です。

菜　なサイ

◉読《よ》んで書《か》こう。

英語《えいご》

野菜《やさい》

どんな野菜《やさい》が好《す》き？

練習プリント①②③④（38～41ページ）を使《つか》ってたくさん練習《れんしゅう》しよう。

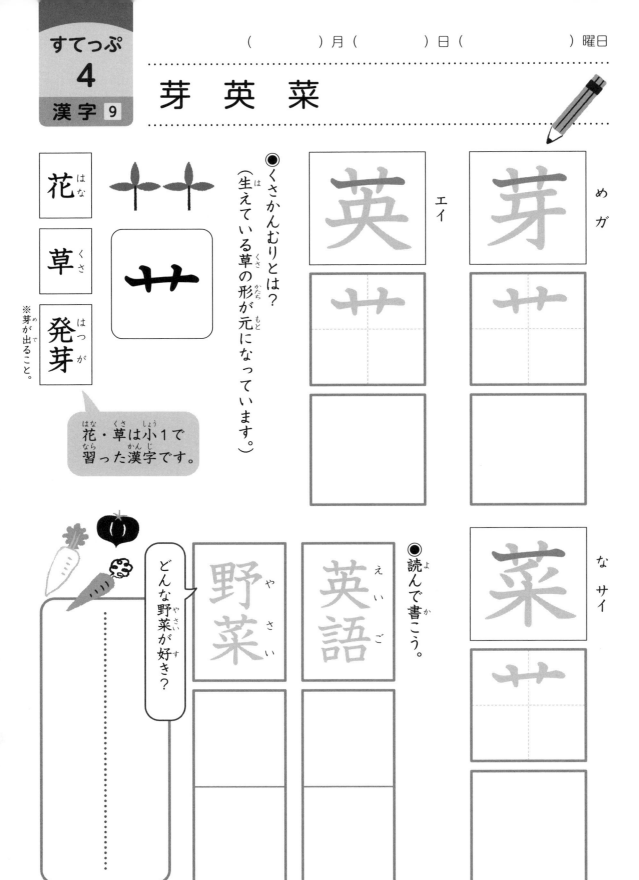

（　　）月（　　）日（　　）曜日

続　約　給

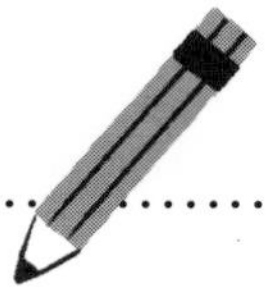

つづ（く）　ゾク

続

糸

ヤク

約

糸

◉いとへんとは？
（糸《いと》の形《かたち》が元《もと》になっています。）

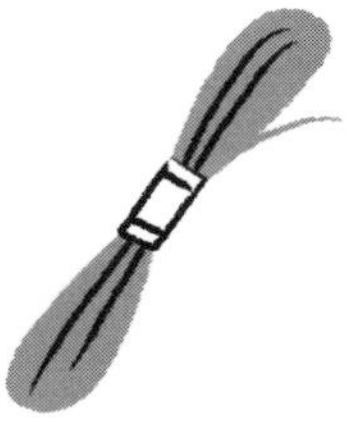

糸

続《つづ》き

続行《ぞっこう》

約束《やくそく》

※続《つづ》けて行《おこな》うこと。

キュウ

給

糸

◉読《よ》んで書《か》こう。

給食《きゅうしょく》

あなたが好《す》きな**給食**《きゅうしょく》のメニューを書《か》こう。

練習プリント①②③④（38～41ページ）を使《つか》ってたくさん練習《れんしゅう》しよう。

(　　　)月(　　　)日(　　　)曜日

説　試　議

と（く）　セツ

説

言

こころ（みる）　シ

試

言

ギ

議

言

◉ごんべんとは？
（言葉《ことば》に関《かか》わっています。）

言

伝説《でんせつ》

試験《しけん》

会議《かいぎ》

◉読《よ》んで書《か》こう。

説明《せつめい》

※よくわかるように話《はな》すこと。

あなたの家《いえ》から学校《がっこう》までの行《い》き方《かた》を**説明《せつめい》**してみよう。

練習プリント①②③④（38～41ページ）を使《つか》ってたくさん練習《れんしゅう》しよう。

（　　）月（　　）日（　　）曜日

辺　連　選

あた（り）　ヘン

辺

辶

つら（なる）　レン

連

辶

◉しんにょうとは？
（道《みち》と人《ひと》の足《あし》を組《く》み合《あ》わせています。）

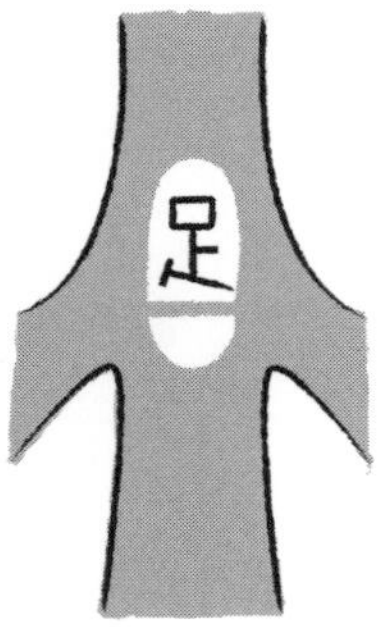

辶

海辺《うみべ》

連続《れんぞく》

選《えら》ぶ

えら（ぶ）　セン

選

辶

◉読《よ》んで書《か》こう。

選手《せんしゅ》

選出《せんしゅつ》

※選《えら》び出《だ》すこと。

選挙《せんきょ》

練習プリント①②③④（38～41ページ）を使《つか》ってたくさん練習《れんしゅう》しよう。

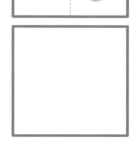

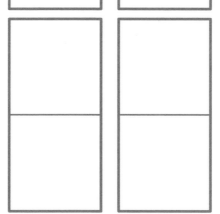

すてっぷ 4

漢字 13

（　　　）月（　　　）日（　　　）曜日

必　要　協

必　かなら（ず）　ヒツ

要　かなめ　ヨウ

協　キョウ

◉読《よ》めるかな？

必《かなら》ず

重要《じゅうよう》

協力《きょうりょく》

◉読《よ》んで書《か》こう。

必要《ひつよう》

遠足《えんそく》に**必要**《ひつよう》なものは？

協力《きょうりょく》

みんなと**協力**《きょうりょく》したのは、どんな時《とき》？

練習プリント①②③④（38～41ページ）を使《つか》ってたくさん練習《れんしゅう》しよう。

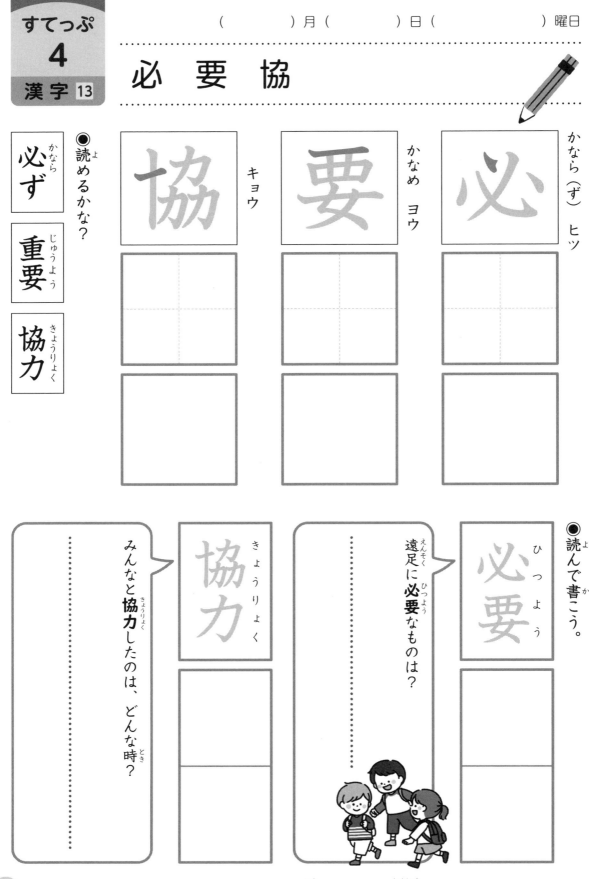

すてっぷ
4
漢字 14

（　　　）月（　　　）日（　　　）曜日

希　望　願

希　キ

望　のぞ（む）　ボウ

願　ねが（う）　ガン

◉読《よ》めるかな？

希望《きぼう》

願《ねが》い事《ごと》

念願《ねんがん》

◉読《よ》んで書《か》こう。

希望《きぼう》

願望《がんぼう》

あなたがかなえたい**願《ねが》い事《ごと》**を書《か》こう。

練習プリント①②③④（38〜41ページ）を使《つか》ってたくさん練習《れんしゅう》しよう。

すてっぷ
4
漢字 15

（　　　）月（　　　）日（　　　　　）曜日

季　節　然

季　キ

節　ふし　セツ

然　ゼン　ネン

◉読《よ》めるかな？

四季《しき》

節分《せつぶん》

全然《ぜんぜん》

◉読《よ》んで書《か》こう。

季節《きせつ》

◉「季節《きせつ》」「自然《しぜん》」から選《えら》んで、文《ぶん》を作《つく》って書《か》こう。

※自然《しぜん》／ありのままのすがた。

練習プリント①②③④（38～41ページ）を使《つか》ってたくさん練習《れんしゅう》しよう。

すてっぷ
4
漢字 16

（　　）月（　　）日（　　）曜日

冷 熱 変

冷

つめ（たい）　ひ（やす）　レイ

熱

あつ（い）　ネツ

変

か（わる）　ヘン

◉読《よ》めるかな？

冷水《れいすい》

熱湯《ねっとう》

変化《へんか》

◉読《よ》んで書《か》こう。

冷《れい》ぞう庫《こ》

ぞう庫《こ》

どんなものを**冷《ひ》やして**いる？

発熱《はつねつ》

※熱《ねつ》が出《で》ること。

あなたの平熱《へいねつ》（いつもの体温《たいおん》）は？

練習プリント①②③④（38～41ページ）を使《つか》ってたくさん練習《れんしゅう》しよう。

（　　）月（　　）日（　　）曜日

参 加 祝

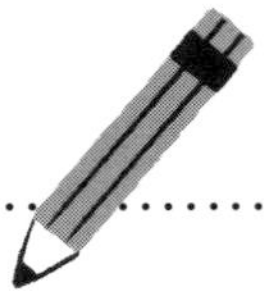

参　まい（る）　サン

加　くわ（える）　カ

祝　いわ（う）　シュウ

◉読《よ》めるかな？

参観日《さんかんび》

参加《さんか》

お祝《いわ》い

◉読《よ》んで書《か》こう。

足《た》す、という意味《いみ》です。

塩《しお》を
加《くわ》える
（　）える

祝日《しゅくじつ》

◉日本《にほん》の「祝日《しゅくじつ》」や「休日《きゅうじつ》」には　どんな日《ひ》がありますか？

（例《れい》）元日《がんじつ》（一月一日《いちがつついたち》）こどもの日《ひ》（五月五日《ごがついつか》）

練習プリント①②③④（38～41ページ）を使《つか》ってたくさん練習《れんしゅう》しよう。

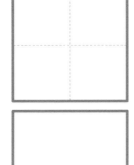

（　　　）月（　　　）日（　　　　）曜日

競　争　借

競　キョウ

争　あらそ（う）　ソウ

借　か（りる）　シャク

◉読《よ》めるかな？

かし借《か》り

競走《きょうそう》

◉読《よ》んで書《か》こう。

競泳《きょうえい》

争《あらそ》う

借《か》りる

あなたはだれかにものを**借**《か》**りた**ことがある？
（いつ、だれに、何《なに》を）

練習プリント①②③④（38～41ページ）を使《つか》ってたくさん練習《れんしゅう》しよう。

（　　）月（　　）日（　　）曜日

好　笑　唱

好　す（く）　コウ

笑　わら（う）

唱　とな（える）　ショウ

◉読《よ》めるかな？

大好物《だいこうぶつ》

大笑《おおわら》い

合唱《がっしょう》

◉読《よ》んで書《か》こう。

大《だい》好《す》き

あなたの**大**《だい》**好**《す》**き**なもの・人《ひと》は・・・・？

笑《わら》う

最近《さいきん》、**笑**《わら》**った**こと、おもしろかったことは？

練習プリント①②③④（38～41ページ）を使《つか》ってたくさん練習《れんしゅう》しよう。

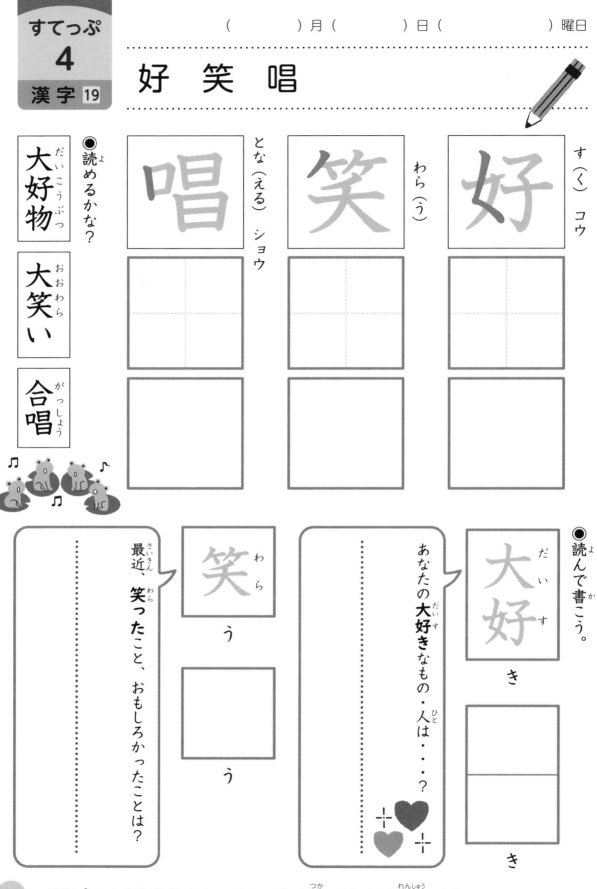

（　　　）月（　　　）日（　　　）曜日

印　刷　卒

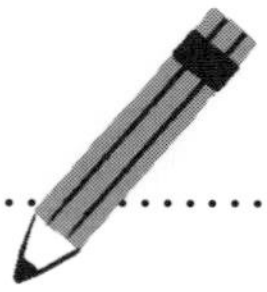

印　しるし　イン

刷　す(る)　サツ

卒　ソツ

◉読《よ》めるかな？

印《しるし》

刷《す》る

※印刷《いんさつ》すること。

卒業《そつぎょう》

◉読《よ》んで書《か》こう。

印《いん》　かん

かん

どんなときに使《つか》うかな？

◉「印」「刷」「卒」から選《えら》んで、文《ぶん》を作《つく》って書《か》こう。

印刷《いんさつ》

練習プリント①②③④（38～41ページ）を使《つか》ってたくさん練習《れんしゅう》しよう。

すてっぷ
4
漢字 21

（　　　　）月（　　　　）日（　　　　　　）曜日

覚 器 孫 衣

覚
おぼ（える）　カク

器
キ

◉読《よ》めるかな？

自覚《じかく》

※自分《じぶん》について、はっきり知《し》ること。

子孫《しそん》

食器《しょっき》

どんな食器《しょっき》を知《し》っている？

孫
まご　ソン

衣
イ

◉読《よ》んで書《か》こう。

衣服《いふく》

※身《み》に着《つ》けるもの。

あなたのお気《き》に入《い》りの服《ふく》はどんな服《ふく》？

練習プリント①②③④（38～41ページ）を使《つか》ってたくさん練習《れんしゅう》しよう。

（　　）月（　　）日（　　）曜日

億　達　成

億　オク

達　タツ

成　な（る）　セイ

◉読《よ》めるかな？

一億円《いちおくえん》

配達《はいたつ》

成人《せいじん》

※一人前《いちにんまえ》になった人《ひと》。おとな。

◉読《よ》んで書《か》こう。

成果《せいか》

※やりとげた結果《けっか》。

達成《たっせい》

※やりとげること。

あなたが**達成**《たっせい》できたことを書《か》こう。

練習プリント①②③④（38～41ページ）を使《つか》ってたくさん練習《れんしゅう》しよう。

（　　）月（　　）日（　　）曜日

景　令　府

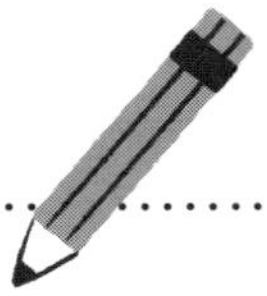

景 ケイ

令 レイ

府 フ

◉「府」が付《つ》く都道府県《とどうふけん》を読《よ》もう。

大阪府《おおさかふ》

京都府《きょうとふ》

◉読《よ》んで書《か》こう。

風景《ふうけい》

あなたの好《す》きな**風景**《ふうけい》は？

号令《ごうれい》

日本《にほん》には四十七《よんじゅうなな》の

都道府県《とどうふけん》

がある。

練習プリント①②③④（38～41ページ）を使《つか》ってたくさん練習《れんしゅう》しよう。

（　　　）月（　　　）日（　　　）曜日

北海道・東北地方

都道府県《とどうふけん》の名前《なまえ》の漢字《かんじ》を書《か》きましょう。

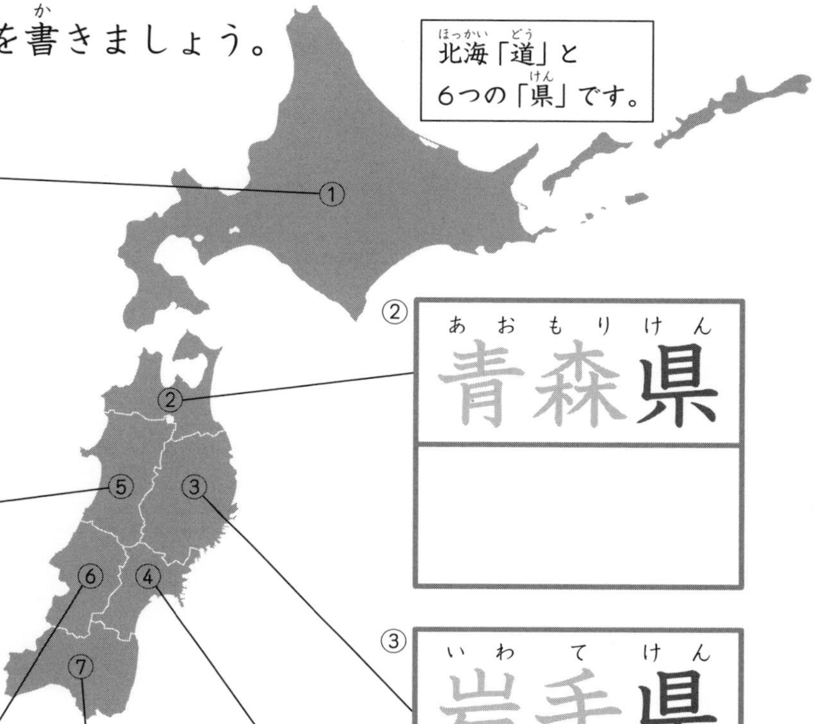

① 北海道《ほっかいどう》

② 青森県《あおもりけん》

③ 岩手県《いわてけん》

④ ★ 宮城県《みやぎけん》

⑤ 秋田県《あきたけん》

⑥ 山形県《やまがたけん》

⑦ 福島県《ふくしまけん》

城
しろ
ジョウ
（キ）

行《い》ったことがある都道府県《とどうふけん》や、その地《ち》いきについて知《し》っていることを書《か》こう。

★が付《つ》いている漢字《かんじ》は、すてっぷ4で新《あたら》しく習《なら》う漢字《かんじ》です。

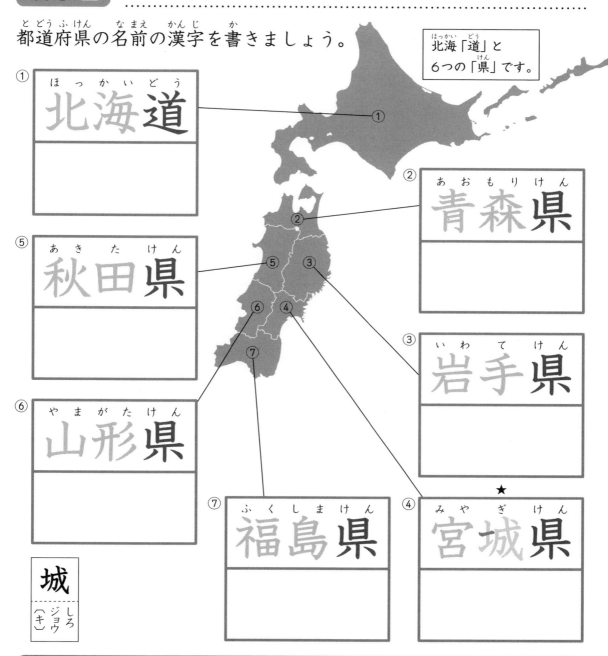

すてっぷ
4
漢字 25

(　　　)月(　　　)日(　　　)曜日

関東地方

都道府県《とどうふけん》の名前《なまえ》の漢字《かんじ》を書《か》きましょう。

① ★★ 茨城県《いばらきけん》

② ★ 栃木県《とちぎけん》

③ ★ 群馬県《ぐんまけん》

④ ★ 埼玉県《さいたまけん》

⑤ 千葉県《ちばけん》

⑥ 東京都《とうきょうと》

⑦ ★ 神奈川県《かながわけん》

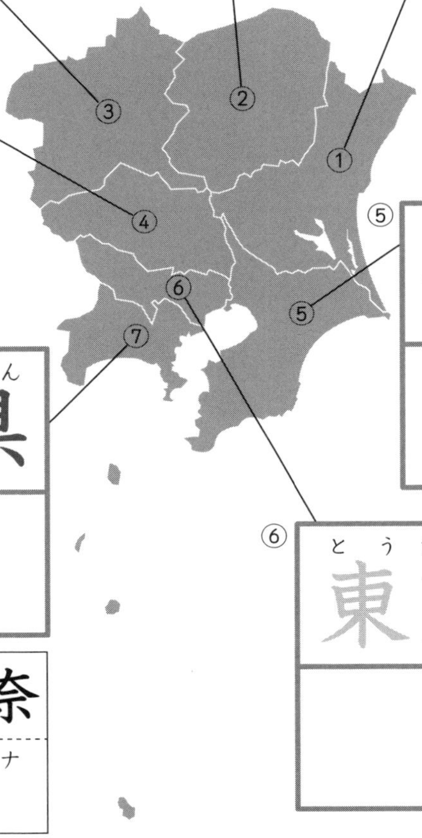

東京《とうきょう》「都《と》」と
6つの「県《けん》」です。

茨	城	栃	群	埼	奈
いばら	しろ ジョウ	とち	む(れる) グン	さい	ナ

行《い》ったことがある都道府県《とどうふけん》や、その地《ち》いきについて知《し》っていることを書《か》こう。

★が付《つ》いている漢字《かんじ》は、すてっぷ4で新《あたら》しく習《なら》う漢字《かんじ》です。

すてっぷ 4

漢字 26

（　　　）月（　　　）日（　　　）曜日

中部地方

都道府県《とどうふけん》の名前《なまえ》の漢字《かんじ》を書《か》きましょう。

③ 石川県《いしかわけん》

★

② 富山県《とやまけん》

★

① 新潟県《にいがたけん》

★

④ 福井県《ふくいけん》

⑥ 長野県《ながのけん》

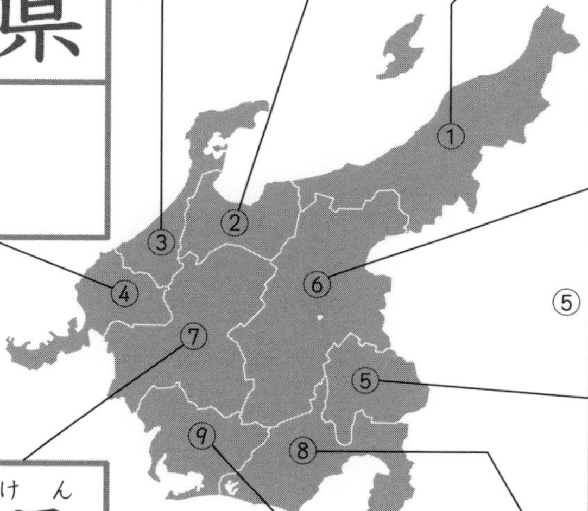

9つの「県《けん》」です。

★

⑤ 山梨県《やまなしけん》

★ ★

⑦ 岐阜県《ぎふけん》

★

⑨ 愛知県《あいちけん》

★ ★

⑧ 静岡県《しずおかけん》

潟	富	井	梨	岐	阜	静	岡	愛
かた	フ　と（む）	い	なし	（キ）	フ	セイ　しず（か）	おか	アイ

★が付《つ》いている漢字《かんじ》は、すてっぷ4で新《あたら》しく習《なら》う漢字《かんじ》です。

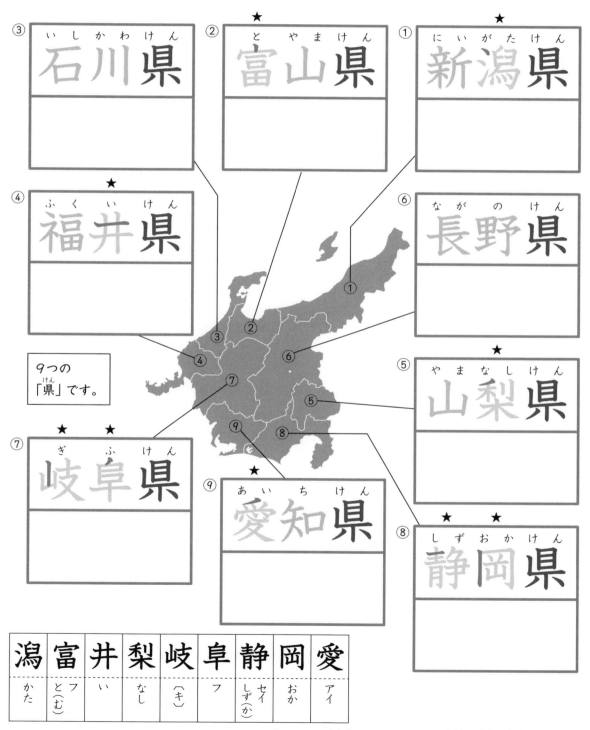

すてっぷ 4
漢字 27

(　　　)月(　　　)日(　　　)曜日

近き地方

都道府県《とどうふけん》の名前《なまえ》の漢字《かんじ》を書《か》きましょう。

⑤ ★兵庫県《ひょうごけん》

③ 京都府《きょうとふ》

② ★★滋賀県《しがけん》

① 三重県《みえけん》

④ ★大阪府《おおさかふ》

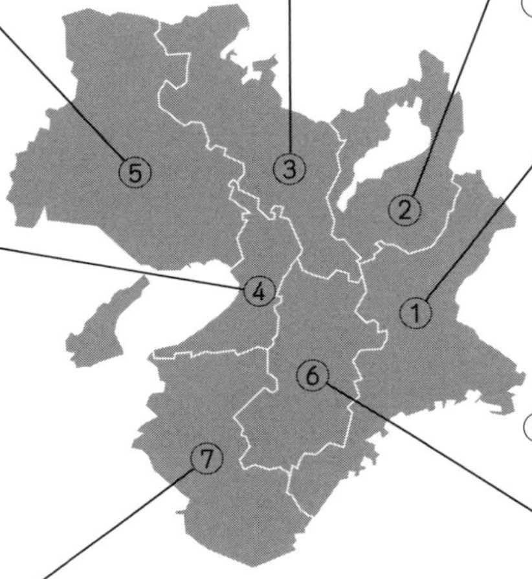

⑥ ★★奈良県《ならけん》

⑦ 和歌山県《わかやまけん》

「府《ふ》」が2つと
5つの「県《けん》」です。

滋	賀	阪	兵	奈	良
(ジ)	ガ	(ハン)	ヘイ・ヒョウ	ナ	よ(い) リョウ

行《い》ったことがある都道府県《とどうふけん》や、その地《ち》いきについて知《し》っていることを書《か》こう。

★が付《つ》いている漢字《かんじ》は、すてっぷ4で新《あたら》しく習《なら》う漢字《かんじ》です。

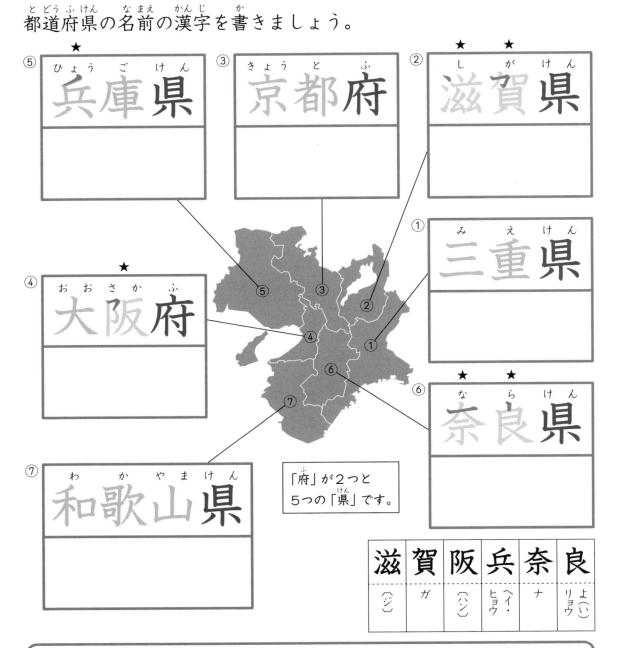

すてっぷ
4
漢字 28

(　　　　)月(　　　　)日(　　　　　　)曜日

中国地方

都道府県《とどうふけん》の名前《なまえ》の漢字《かんじ》を書《か》きましょう。

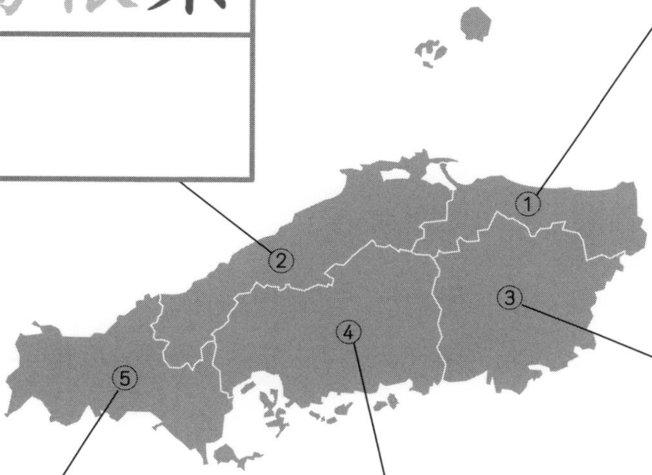

① 鳥取県《とっとりけん》

② 島根県《しまねけん》

③ ★岡山県《おかやまけん》

④ 広島県《ひろしまけん》

⑤ 山口県《やまぐちけん》

5つの「県《けん》」です。

岡
おか

行《い》ったことがある都道府県《とどうふけん》や、その地《ち》いきについて知《し》っていることを書《か》こう。

★が付《つ》いている漢字《かんじ》は、すてっぷ4で新《あたら》しく習《なら》う漢字《かんじ》です。

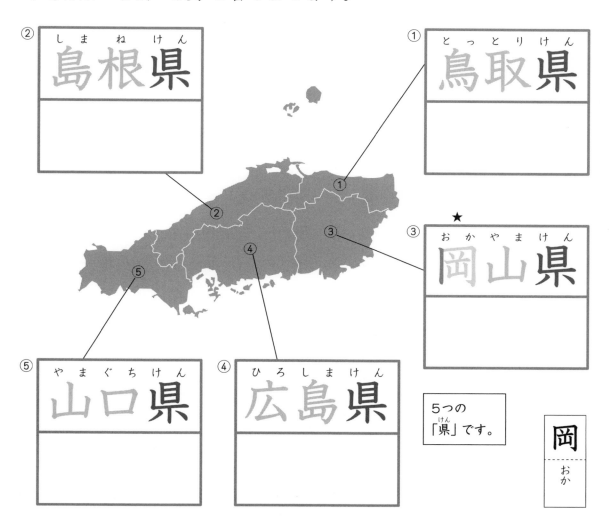

（　　　）月（　　　）日（　　　）曜日

四国地方

都道府県《とどうふけん》の名前《なまえ》の漢字《かんじ》を書《か》きましょう。

③ ★愛《え》★媛《ひめ》県《けん》

4つの「県《けん》」です。

② ★香《か》川《がわ》県《けん》

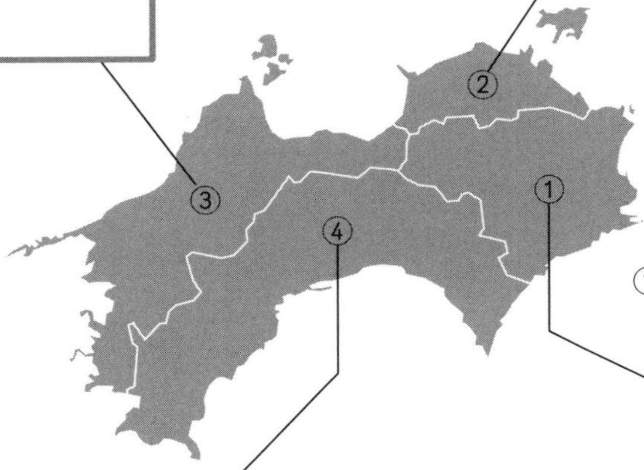

① ★徳《とく》島《しま》県《けん》

④ 高《こう》知《ち》県《けん》

徳	香	愛	媛
トク	か・かお(る)	アイ	〈エン〉

行《い》ったことがある都道府県《とどうふけん》や、その地《ち》いきについて知《し》っていることを書《か》こう。

★が付《つ》いている漢字《かんじ》は、すてっぷ４で新《あたら》しく習《なら》う漢字《かんじ》です。

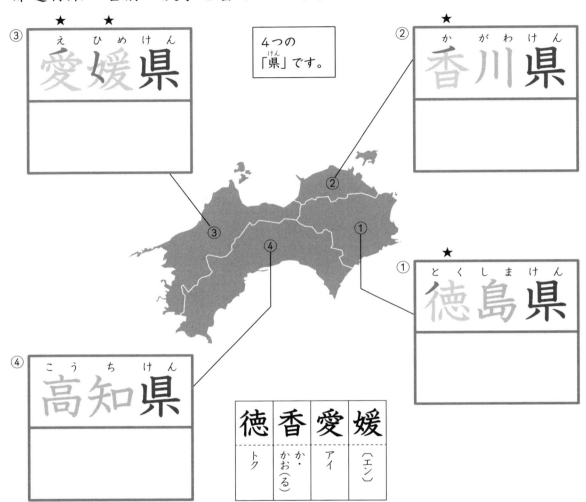

(　　　)月(　　　)日(　　　　　)曜日

九州地方・沖縄

都道府県《とどうふけん》の名前《なまえ》の漢字《かんじ》を書《か》きましょう。

③ ★ 長崎県《ながさきけん》

② ★ ★ 佐賀県《さがけん》

① ★ 福岡県《ふくおかけん》

④ ★ 熊本県《くまもとけん》

⑤ 大分県《おおいたけん》

⑦ ★ ★ 鹿児島県《かごしまけん》

⑥ ★ 宮崎県《みやざきけん》

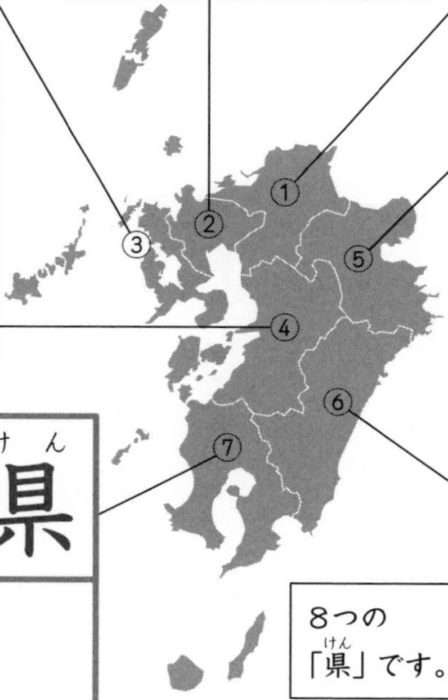

8つの
「県《けん》」です。

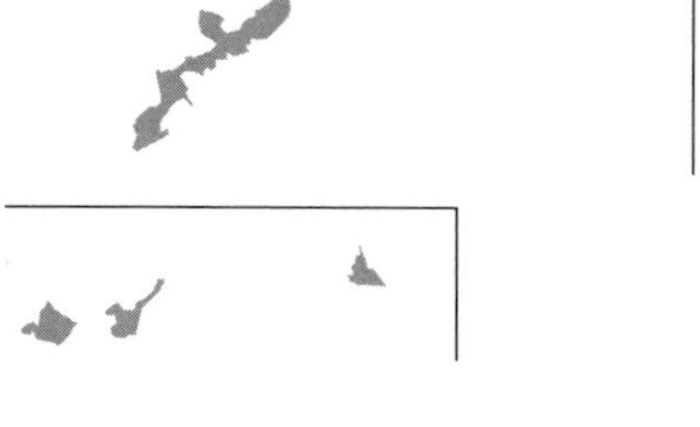

⑧ ★ ★ 沖縄県《おきなわけん》

岡	佐	賀	崎	熊	鹿	児	沖	縄
おか	サ	ガ	さき	くま	しか・か	ジ	おき	なわ

★が付《つ》いている漢字《かんじ》は、すてっぷ4で新《あたら》しく習《なら》う漢字《かんじ》です。

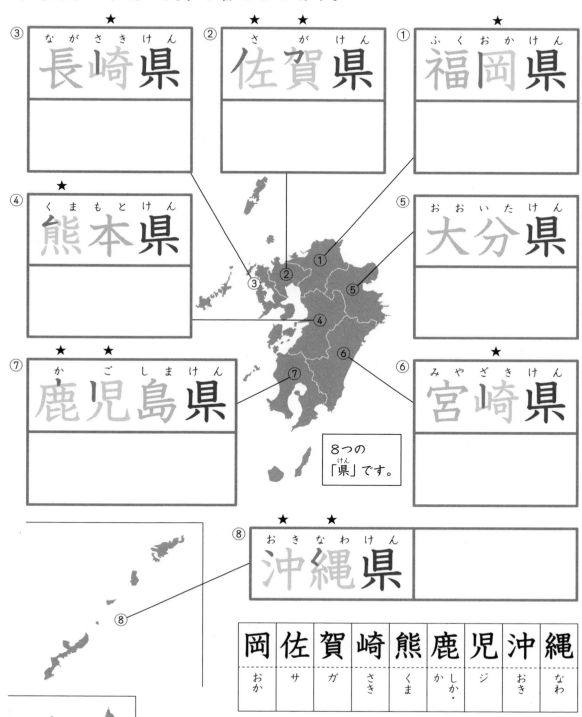

すてっぷ４の漢字

読《よ》めるかな？　書《か》けるかな？
練習プリント①②③④で
たくさん練習《れんしゅう》しましょう。

愛 アイ	案 アン	以 イ	衣 イ	位 イ くらい	茨 いばら	印 イン しるし	英 エイ	栄 エイ さか(える)	媛 (エン)	塩 エン しお	岡 おか	億 オク
加 カ くわ(える)・くわ(わる)	果 カ は(たす)・は(てる)・は(て)	貨 カ	課 カ	芽 ガ め	賀 ガ	改 カイ あらた(める)・あらた(まる)	械 カイ	害 ガイ	街 ガイ まち	各 カク	覚 カク おぼ(える)・さ(ます)・さ(める)	潟 かた
完 カン	官 カン	管 カン くだ	関 カン せき・かか(わる)	観 カン	願 ガン ねが(う)	岐 (キ)	希 キ	季 キ	旗 キ はた	器 キ	機 キ	議 ギ
求 キュウ もと(める)	泣 な(く)	給 キュウ	挙 キョ あ(げる)・あ(がる)	漁 ギョ・リョウ	共 キョウ とも	協 キョウ	鏡 キョウ かがみ	競 キョウ・ケイ	極 キョク	熊 くま	訓 クン	軍 グン
郡 グン	群 グン む(れる)・む(れ)・むら	径 ケイ	景 ケイ	芸 ゲイ	欠 ケツ か(ける)・か(く)	結 ケツ むす(ぶ)	建 ケン た(てる)・た(つ)	健 ケン	験 ケン	固 コ かた(める)・かた(まる)・かた(い)	功 コウ	好 コウ この(む)・す(く)
香 か・かお(り)・かお(る)	候 コウ	康 コウ	佐 サ	差 サ さ(す)	菜 サイ な	最 サイ もっと(も)	埼 さい	材 ザイ	崎 さき	昨 サク	札 サツ ふだ	刷 サツ す(る)
察 サツ	参 サン まい(る)	産 サン う(む)・う(まれる)	散 サン ち(る)・ち(らす)・ち(らかす)・ち(らかる)	残 ザン のこ(る)・のこ(す)	氏 シ	司 シ	試 シ こころ(みる)	児 ジ	治 ジ・チ おさ(める)・おさ(まる)・なお(る)・なお(す)	滋 (ジ)	辞 ジ	鹿 しか・か
失 シツ うしな(う)	借 シャク か(りる)	種 シュ たね	周 シュウ まわ(り)	祝 シュク いわ(う)	順 ジュン	初 ショ はじ(め)・はじ(めて)・はつ	松 ショウ まつ	笑 ショウ わら(う)	唱 ショウ とな(える)	焼 ショウ や(く)・や(ける)	照 ショウ て(る)・て(らす)・て(れる)	城 ジョウ しろ

はすてっぷ4 1～30 で取《と》り上《あ》げた漢字《かんじ》です。ほかの漢字《かんじ》も練習《れんしゅう》しましょう。
※漢字《かんじ》は音読《おんよ》み（カタカナ）→訓読《くんよ》み（ひらがな）の順《じゅん》に入《はい》っています。

覚《おぼ》えた漢字《かんじ》を
〇でかこんでみよう！

縄 なわ	臣 シン・ジン	信 シン	井 い	成 セイ な(る)・な(す)	省 セイ・ショウ はぶ(く)	清 セイ きよ(い)・きよ(まる)・きよ(める)	静 セイ しず・しず(か)・しず(まる)・しず(める)	席 セキ	積 セキ つ(む)・つ(もる)	折 セツ お(る)・おり・お(れる)	節 セツ ふし	説 セツ と(く)
浅 あさ(い)	戦 セン たたか(う)	選 セン えら(ぶ)	然 ゼン・ネン	争 ソウ あらそ(う)	倉 ソウ くら	巣 す	束 ソク たば	側 ソク がわ	続 ゾク つづ(く)・つづ(ける)	卒 ソツ	孫 ソン まご	帯 タイ お(びる)・おび
隊 タイ	達 タツ	単 タン	置 チ お(く)	仲 なか	沖 おき	兆 チョウ	低 テイ ひく(い)・ひく(める)・ひく(まる)	底 テイ そこ	的 テキ まと	典 テン	伝 デン つた(わる)・つた(える)・つた(う)	徒 ト
努 ド つと(める)	灯 トウ	働 ドウ はたら(く)	特 トク	徳 トク	栃 とち	奈 ナ	梨 なし	熱 ネツ あつ(い)	念 ネン	敗 ハイ やぶ(れる)	梅 バイ うめ	博 ハク
阪 〔ハン〕	飯 ハン めし	飛 ヒ と(ぶ)・と(ばす)	必 ヒツ かなら(ず)	票 ヒョウ	標 ヒョウ	不 フ・ブ	夫 フ おっと	付 フ つ(ける)・つ(く)	府 フ	阜 フ	富 フ と(む)・とみ	副 フク
兵 ヘイ・ヒョウ	別 ベツ わか(れる)	辺 ヘン あた(り)・べ	変 ヘン か(わる)・か(える)	便 ベン・ビン たよ(り)	包 ホウ つつ(む)	法 ホウ	望 ボウ のぞ(む)	牧 ボク	末 マツ すえ	満 マン み(ちる)・み(たす)	未 ミ	民 ミン
無 ム・ブ な(い)	約 ヤク	勇 ユウ いさ(む)	要 ヨウ かなめ	養 ヨウ やしな(う)	浴 ヨク あ(びる)・あ(びせる)	利 リ	陸 リク	良 リョウ よ(い)	料 リョウ	量 リョウ はか(る)	輪 リン わ	類 ルイ たぐ(い)
令 レイ	冷 レイ つめ(たい)・ひ(える)・ひ(や)・ひ(やす)・ひ(やかす)・さ(める)・さ(ます)		例 レイ たと(える)	連 レン つら(なる)・つら(ねる)・つ(れる)	老 ロウ お(いる)	労 ロウ	録 ロク					

※〔　〕内《ない》の読《よ》み方《かた》は、中学校《ちゅうがっこう》で習《なら》うが都道府県名《とどうふけんめい》を読《よ》むために必要《ひつよう》な漢字《かんじ》の読《よ》み方《かた》です。

(　　　)月(　　　)日(　　　)曜日

練習プリント①

CD-ROM プリントしてつかおう！

漢字《かんじ》を選《えら》んで、たくさん練習《れんしゅう》しましょう！

◉漢字《かんじ》を一《ひと》つ選《えら》んで、文《ぶん》を作《つく》って書《か》こう。

読《よ》み方《かた》（　）（　）

読《よ》み方《かた》（　）（　）

読《よ》み方《かた》（　）（　）

読《よ》み方《かた》（　）（　）

すてっぷ
4
漢字

(　　　)月(　　　)日(　　　)曜日

練習プリント②

CD-ROM プリントしてつかおう!

知《し》っている漢字《かんじ》を二《ふた》つ使《つか》って、一《ひと》つの文《ぶん》にして書《か》きましょう。

すてっぷ4までのどの漢字《かんじ》を使《つか》ってもいいよ。

両方《りょうほう》使《つか》って一《ひと》つの文《ぶん》にしよう。

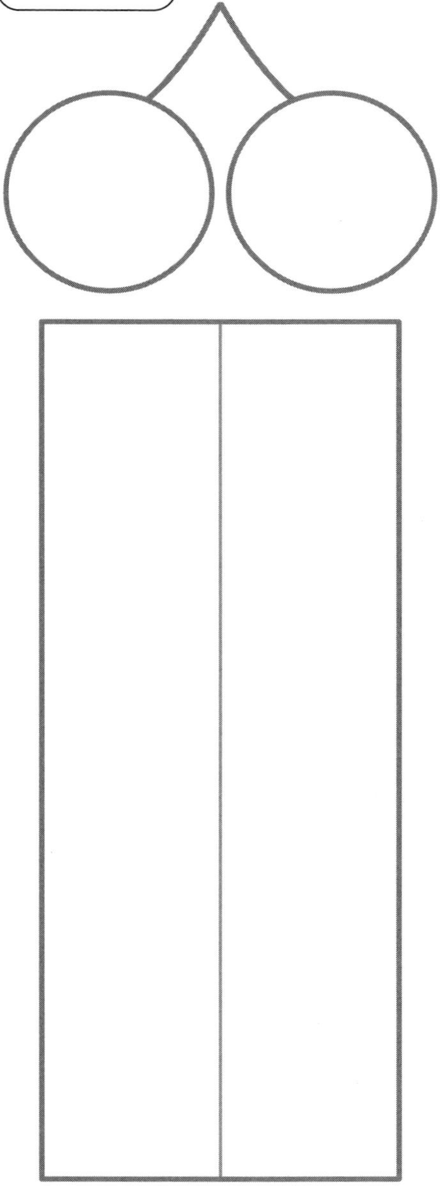

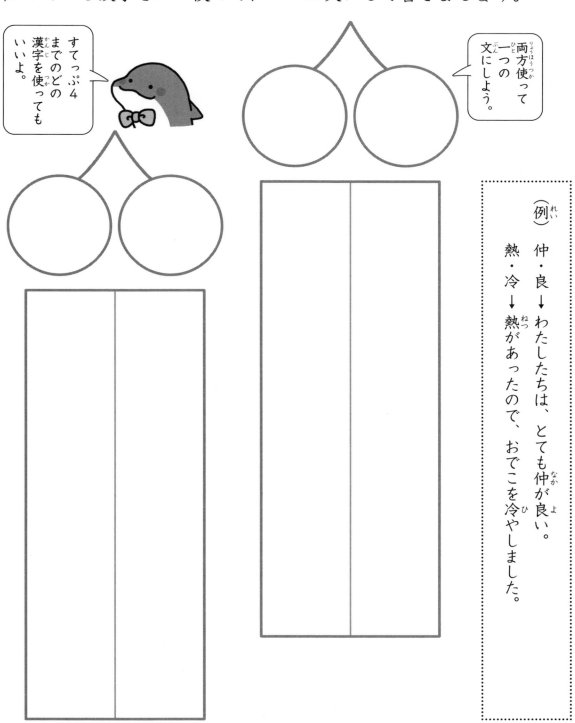

例《れい》
仲・良↓わたしたちは、とても仲《なか》が良《よ》い。
熱・冷↓熱《ねつ》があったので、おでこを冷《ひ》やしました。

(　　　　)月(　　　　)日(　　　　)曜日

練習プリント③

CD-ROM プリントしてつかおう！

漢字《かんじ》を使《つか》って作文《さくぶん》を書《か》いてみましょう！

◉知《し》っている漢字《かんじ》を使《つか》って、今日《きょう》の日記《にっき》や作文《さくぶん》を書《か》いてみよう。

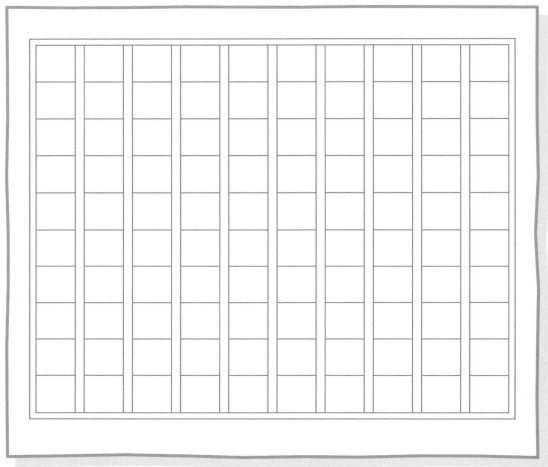

（　　　）月（　　　）日（　　　）曜日

練習プリント④

CD-ROM プリントしてつかおう！

都道府県《とどうふけん》を4つ選《えら》んで漢字《かんじ》で書《か》きましょう。

番号《ばんごう》	都道府県名《とどうふけんめい》	番号《ばんごう》	都道府県名《とどうふけんめい》

すてっぷ
4
漢字

（　　）月（　　）日（　　）曜日

チャレンジテスト1

◉①〜⑤の□に入《はい》る漢字《かんじ》を二《ふた》つから選《えら》んで書《か》こう。

① 連《れん》らくを□える。　伝・便

② 友達《ともだち》を□じる。　例・信

③ 毎日《まいにち》よく□く。　働・低

④ 悲《かな》しくて□いた。　漁・泣

⑤ この川《かわ》は□い。　浅・満

◉⑥〜⑩の□に入《はい》る漢字《かんじ》を二《ふた》つから選《えら》んで書《か》こう。

⑥ 飛行《ひこう》□に乗《の》る。　機・械

⑦ 今年《ことし》の目《もく》□を立《た》てる。　標・極

⑧ けい□官《かん》になりたい。　完・察

⑨ 野《や》□を食《た》べる。　芽・菜

⑩ □そくを守《まも》る。　続・約

10問中《もんちゅう》、何問《なんもん》合《あ》っていましたか？　　問《もん》／10問《もん》

すてっぷ
4
漢字

（　　　）月（　　　）日（　　　）曜日

チャレンジテスト２

◉次《つぎ》の言葉《ことば》を漢字《かんじ》で書《か》こう。

① しけん

② ひつよう

③ きぼう

④ きせつ

⑤ れんぞく

◉―線《せん》の部分《ぶぶん》を漢字《かんじ》に直《なお》して文《ぶん》を書《か》こう。

⑥ イベントにさんかする。

⑦ せんきょが行《おこな》われる。

⑧ 書類《しょるい》をいんさつする。

⑨ 目標《もくひょう》をたっせいする。

⑩ ごうれいをかける。

10問中《もんちゅう》、何問《なんもん》合《あ》っていましたか？

問《もん》／10問《もん》

答え

すてっぷ 4 漢字

●7ページ【漢字2】
（果物《くだもの》の例《れい》）みかん・バナナ・かきなど。
（魚《さかな》の例《れい》）まぐろ・さんま・さけなど。

●8ページ【漢字3】
（あいさつの例《れい》）「おはよう」「こんにちは」「こんばんは」など。
（どんな仕事《しごと》）医者《いしゃ》・教師《きょうし》・調理師《ちょうりし》・記者《きしゃ》など。（仕事《しごと》としてイメージできるものであれば何《なん》でもよいです。）

●9ページ【漢字4】
（漁《りょう》でとれるもの）アジ・サバ・イワシ・マグロなど。

●10ページ【漢字5】
（深《ふか》い）↕浅《あさ》い

●11ページ【漢字6】
（「機《き》」がつくもの）そうじ機《き》・せんたく機《き》・せん風機《ぷうき》など。

●22ページ【漢字17】
（祝日《しゅくじつ》・休日《きゅうじつ》）みどりの日《ひ》（五月四日《ごがつよっか》）、山《やま》の日《ひ》（八月八日《はちがつようか》）、文化《ぶんか》の日《ひ》（十一月三日《じゅういちがつみっか》）など。

●25ページ【漢字20】
（どんなときに）市役所《しやくしょ》で書類《しょるい》を出《だ》すときなど。

●26ページ【漢字21】
（どんな食器《しょっき》）皿《さら》・ナイフ・フォーク・おわんなど。

★むずかしかった漢字《かんじ》を練習《れんしゅう》してみよう！

●42ページ【チャレンジテスト1】
① 伝
② 信
③ 働
④ 泣
⑤ 浅
⑥ 機
⑦ 標
⑧ 察
⑨ 菜
⑩ 約

●43ページ【チャレンジテスト2】
① 試験《しけん》
② 必要《ひつよう》
③ 希望《きぼう》
④ 季節《きせつ》
⑤ 連続《れんぞく》
⑥ イベントに参加《さんか》する。
⑦ 選挙《せんきょ》が行《おこな》われる。
⑧ 書類《しょるい》を印刷《いんさつ》する。
⑨ 目標《もくひょう》を達成《たっせい》する。
⑩ 号令《ごうれい》をかける。

おしかったところは
ふく習《しゅう》しておこう！

すてっぷ4
計算

- わり算《ざん》の筆算《ひっさん》のやり方《かた》を覚《おぼ》えよう！
- 小数《しょうすう》や分数《ぶんすう》の計算《けいさん》にちょう戦《せん》しよう！

計算《けいさん》の力《ちから》をチェック！

- □ あまりのないわり算《ざん》の計算《けいさん》ができる。
- □ あまりのあるわり算《ざん》の計算《けいさん》ができる。
- □ かけ算《ざん》の筆算《ひっさん》ができる。
- □ 小数《しょうすう》の読《よ》み・書《か》きができ、計算《けいさん》ができる。
- □ 分数《ぶんすう》の読《よ》み・書《か》きができ、計算《けいさん》ができる。
- □ 大《おお》きな数《かず》の読《よ》み書《か》きや計算《けいさん》ができる。
- □ 「およその数《かず》」がイメージできる。

すてっぷ
4
計算 1

（　　　）月（　　　）日（　　　）曜日

ふく習①あまりのあるわり算

計算《けいさん》をしましょう。

（1）41 ÷ 8

（2）13 ÷ 4

（3）35 ÷ 6

（4）42 ÷ 7

（5）37 ÷ 8

（6）28 ÷ 3

スペシャル 問題《もんだい》！

52このプリンを6こずつ箱《はこ》に入《い》れると、
何箱《なんはこ》できて何《なん》こあまりますか？

式《しき》

答《こた》え　　箱《はこ》できて
　　　　　　こあまる

(　　　　)月(　　　　)日(　　　　　　)曜日

ふく習②小数・分数

1 次《つぎ》の □ に入《はい》る数字《すうじ》を書《か》きましょう。

(1)

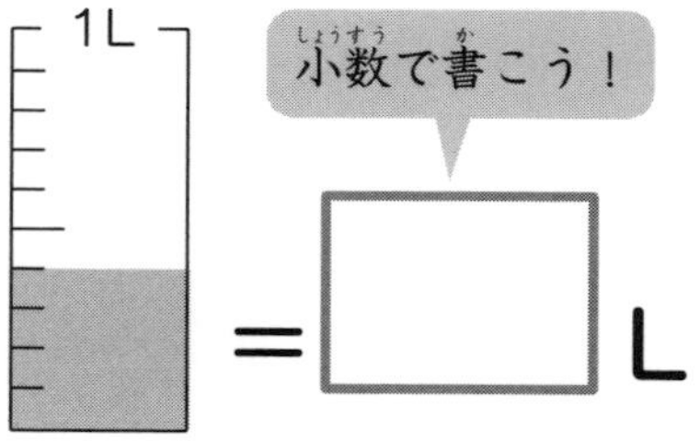

(2)

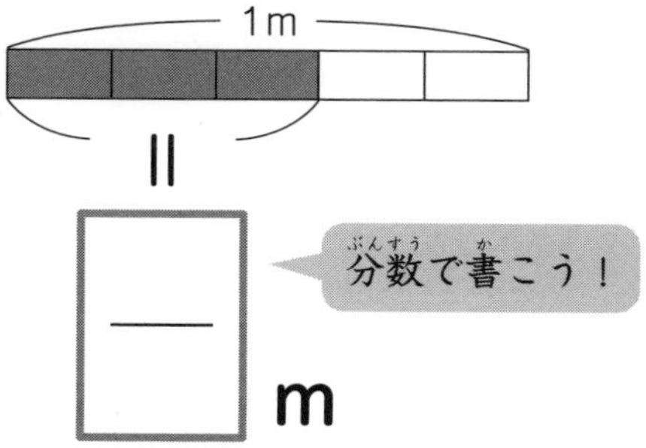

2 次《つぎ》の計算《けいさん》をしましょう。

(1) $\frac{4}{5} - \frac{1}{5}$

(2) $\frac{1}{3} + \frac{2}{3}$

(3) $1.7 + 0.2$

(4) $1 - 0.3$

スペシャル 問題《もんだい》！

どちらのケーキが大《おお》きいですか？ (　　) に＞か＜を書《か》いて答《こた》えましょう（ケーキに色《いろ》をぬって考《かんが》えよう！）。

(1)

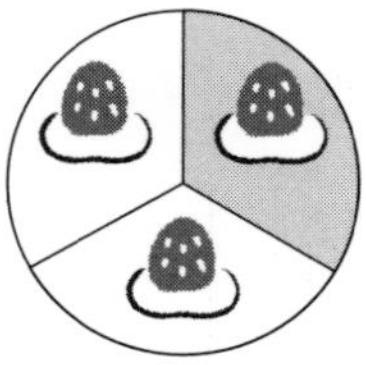

$\frac{1}{3}$ (　　　) $\frac{2}{3}$

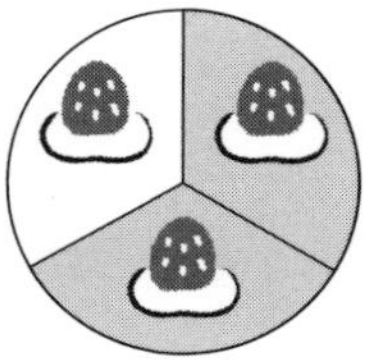

(2)

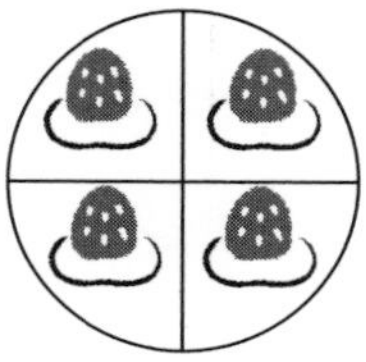

$\frac{2}{4}$ (　　　) $\frac{1}{4}$

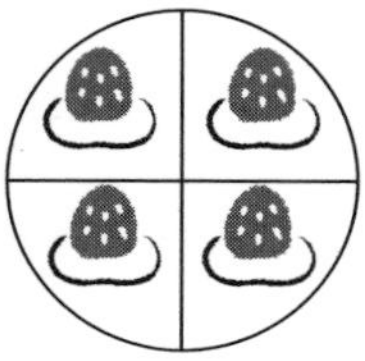

すてっぷ 4
計算 3

（　　　）月（　　　）日（　　　）曜日

ふく習③かけ算の筆算

計算《けいさん》をしましょう。

(1)

$$\begin{array}{r} 24 \\ \times\quad 5 \\ \hline \end{array}$$

(2)

$$\begin{array}{r} 31 \\ \times\quad 2 \\ \hline \end{array}$$

(3)

$$\begin{array}{r} 135 \\ \times\quad 2 \\ \hline \end{array}$$

(4)

$$\begin{array}{r} 24 \\ \times 31 \\ \hline \end{array}$$

スペシャル　問題《もんだい》！

りかさんは、おかしを買《か》いに来《き》ました。

(1) 126円《えん》のチョコレートを３つ買《か》うと、全部《ぜんぶ》で何円《なんえん》ですか？

式《しき》

答《こた》え　　　円《えん》

(2) 126円《えん》のチョコレートを３つ買《か》って（　　　円《えん》）、500円玉《えんだま》を出《だ》すと、おつりは何円《なんえん》ですか？

式《しき》

答《こた》え　　　円《えん》

● 筆算《ひっさん》スペース

すてっぷ
4
計算 4

(　　　　)月(　　　　)日(　　　　　　)曜日

かけ算の筆算（3けた×3けた）

例《れい》を見《み》て、大《おお》きな数《かず》のかけ算《ざん》の筆算《ひっさん》にちょう戦《せん》しましょう。

（例《れい》）

```
      1 2 3
  ×   1 4 1
  ─────────
      1 2 3
      1
    4 9 2
  1 2 3
  ─────────
    1
  1 7 3 4 3
```

(1)

```
      2 1 3
  ×   1 1 2
  ─────────
      □ □ □
    □ □ □
  □ □ □
  ─────────
  □ □ □ □ □
```

(2)

```
      1 2 5
  ×   2 1 2
  ─────────
```

筆算《ひっさん》は別《べつ》の紙《かみ》に書《か》こう！

(3)

```
      3 1 2
  ×   1 4 2
  ─────────
```

筆算《ひっさん》は別《べつ》の紙《かみ》に書《か》こう！

スペシャル　問題《もんだい》！

350円《えん》のぼうしを126人分買《にんぶんか》うと、全部《ぜんぶ》で何円《なんえん》ですか？

ぼうし

人数《にんずう》

?

350円《えん》 × 126人《にん》 ＝ 　　円《えん》

×
────

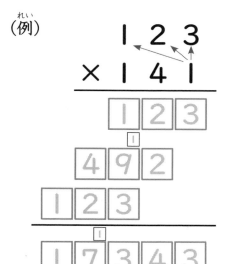

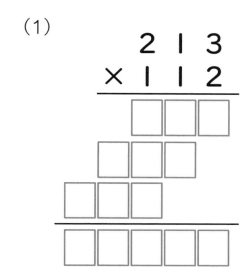

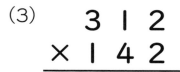

すてっぷ 4
計算 5

（　　　）月（　　　）日（　　　　）曜日

かけ算の筆算（4けた×3けた）

例《れい》を見《み》て、大《おお》きな数《かず》のかけ算《ざん》の筆算《ひっさん》にちょう戦《せん》しましょう。

（例《れい》）

```
    1 1 2 6
×     3 2 0
-----------
    0 0 0 0
  2 2 5 2
3 3 7 8
-----------
3 6 0 3 2 0
```

（1）

```
    1 3 1 2
×     4 2 0
-----------
    □ □ □ □
  □ □ □ □
□ □ □ □
-----------
□ □ □ □ □ □
```

（2）

```
  4 3 1 2
×   1 2 1
---------
```

筆算《ひっさん》は別《べつ》の紙《かみ》に書《か》こう！

（3）

```
  3 2 2 1
×   2 4 2
---------
```

筆算《ひっさん》は別《べつ》の紙《かみ》に書《か》こう！

スペシャル問題《もんだい》！

1さつ1100円《えん》の地図帳《ちずちょう》を126人分買《にんぶんか》うと全部《ぜんぶ》で何円《なんえん》ですか？

地図帳《ちずちょう》　　人数《にんずう》　　？

1100円《えん》 × 126人《にん》 = 　　円《えん》

×
―――――

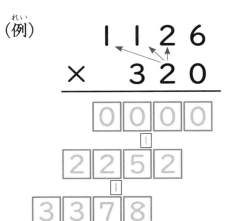

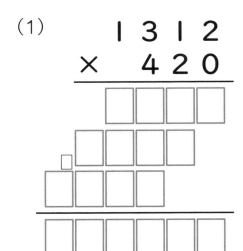

すてっぷ 4
計算 6

（　　　）月（　　　）日（　　　）曜日

答えが何十・何百になるわり算

1 120まいのクッキーを、6人《にん》で同《おな》じ数《かず》ずつ分《わ》けます。1人分《ひとりぶん》は何《なん》まいになりますか？

1ふくろに10まいずつ入《い》れると、12ふくろできます。

それを6人《にん》で分《わ》けると…

12 ÷ 6 ＝ □

1ふくろ10まい入《い》りなので、□ふくろで

10 × □ ＝ □　　答《こた》え □ まい

2 おじいさんから、600円《えん》もらいました。3人兄弟《にんきょうだい》で同《おな》じ金《きん》がくずつ分《わ》けると、1人分《ひとりぶん》は何円《なんえん》になりますか？

600円《えん》は100円玉《えんだま》6まい分《ぶん》です。

それを3人《にん》で分《わ》けると…

6 ÷ 3 ＝ □

100円玉《えんだま》が □ まいなので、

100 × □ ＝ □　　答《こた》え □ 円《えん》

3 次《つぎ》の計算《けいさん》をしましょう。

（1） 150 ÷ 3 ＝

（2） 800 ÷ 4 ＝

スペシャル　問題《もんだい》！

ゆうきくんのおこづかいは、1か月《げつ》に1200円《えん》です。
1か月《げつ》を4週間《しゅうかん》とすると、1週間《しゅうかん》に何円《なんえん》ずつ使《つか》えますか？

式《しき》 1200÷4＝

答《こた》え　　　円《えん》ずつ

（　　　）月（　　　）日（　　　　）曜日

1けたでわるわり算の筆算①

例《れい》を見《み》て、わり算《ざん》の筆算《ひっさん》にちょう戦《せん》しましょう。

（例《れい》）

①6÷2　→ 3
④4÷2　→ 2

$$2\overline{)\,6\;4}$$

②2×3　→ □
③4を下《お》ろす　→ 4

6－6＝0で
何《なに》も書《か》かない。

⑤2×2　→ □
⑥4－4　→ 0

①から⑥の順番《じゅんばん》で筆算《ひっさん》をしよう！

（1）

□ 2

$$3\overline{)\,9\;6}$$

□

□

□

0

（2）　$4\overline{)\,8\;4}$

（3）　$3\overline{)\,6\;9}$

スペシャル　問題《もんだい》！

45このチョコレートを、3人《にん》で同《おな》じ数《かず》ずつ分《わ》けます。1人分《ひとりぶん》は何《なん》こになりますか？

式《しき》　45÷3＝

答《こた》え　　　　こ

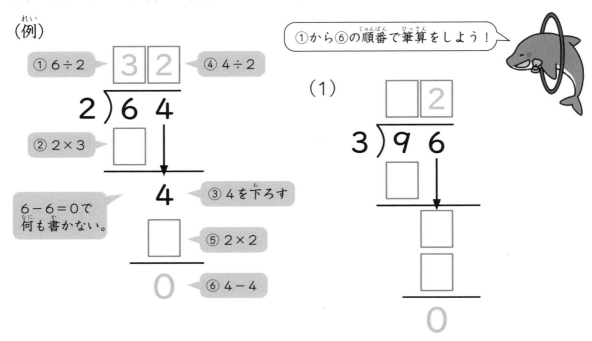

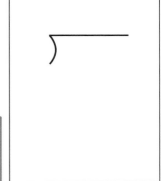

すてっぷ
4
計算 8

（　　　　）月（　　　　）日（　　　　）曜日

1けたでわるわり算の筆算②

例《れい》を見《み》て、わり算《ざん》の筆算《ひっさん》にちょう戦《せん》しましょう。

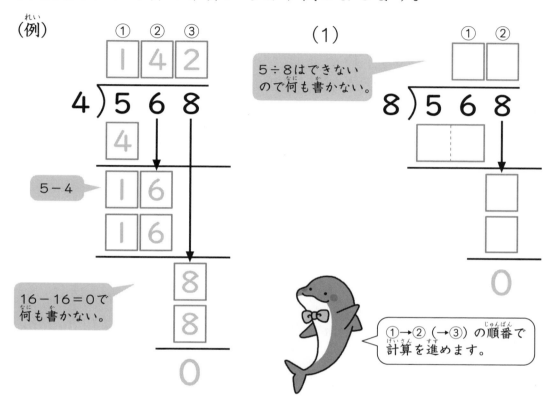

（例《れい》）

① ② ③

1 4 2

4）5 6 8

4

5−4

1 6

1 6

8

16−16＝0で何《なに》も書《か》かない。

8

0

（1）

5÷8はできないので何《なに》も書《か》かない。

① ②

8）5 6 8

0

①→②（→③）の順番《じゅんばん》で計算《けいさん》を進《すす》めます。

（2）　5）6 0 5

筆算《ひっさん》は別《べつ》の紙《かみ》に書《か》こう！

（3）　7）6 3 7

筆算《ひっさん》は別《べつ》の紙《かみ》に書《か》こう！

スペシャル 問題《もんだい》！

1mは100cmだから
1m54cm＝　　　cmだね。

1m54cmのリボンを7cmずつに切《き》ると、7cmのリボンは何本《なんぼん》できますか？

式《しき》　154÷7＝

答《こた》え　　　　本《ほん》

（　　　）月（　　　）日（　　　　）曜日

1けたでわるわり算の筆算③

例《れい》を見《み》て、あまりのあるわり算《ざん》の筆算《ひっさん》にちょう戦《せん》しましょう。

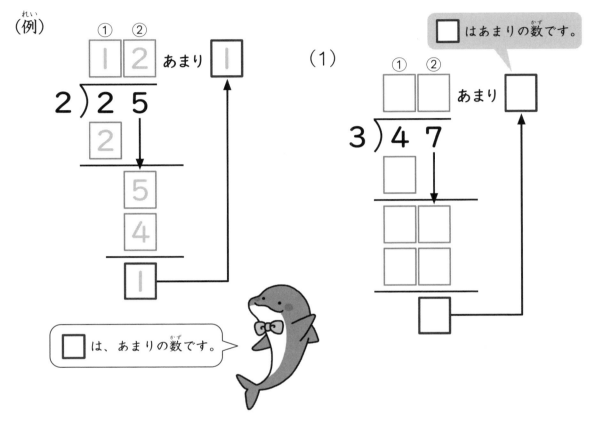

（例《れい》）

①　②
1　2　あまり　1
2）2 5
2
5
4
1

□は、あまりの数《かず》です。

（1）

□はあまりの数《かず》です。

①　②
□□　あまり　□
3）4 7

（2）　5）9 6

筆算《ひっさん》は別《べつ》の紙《かみ》に書《か》こう！

（3）　7）9 5

筆算《ひっさん》は別《べつ》の紙《かみ》に書《か》こう！

スペシャル　問題《もんだい》！

1週間《しゅうかん》は、7日《なのか》ですね！

45ページある計算《けいさん》ドリルに、1日《にち》1ページずつ取《と》り組《く》みます。何週間《なんしゅうかん》と何日《なんにち》で終《お》わりますか？

式《しき》　45÷7＝

答《こた》え　週間《しゅうかん》と　日《にち》

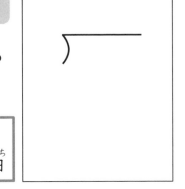

すてっぷ
4
計算 10

（　　　）月（　　　）日（　　　　）曜日

1けたでわるわり算の筆算④

例《れい》を見《み》て、あまりのあるわり算《ざん》の筆算《ひっさん》にちょう戦《せん》しましょう。

（例《れい》）

① ② ③

1 1 2 あまり 5

7）7 8 9

7

8
7

8－7　1 9
1 4

5

（練習問題《れんしゅうもんだい》）

① ② ③

□ □ □ あまり □

5）7 4 3

□

7－5　□ □
□ □

24－20　□ □
□ □

□

スペシャル　問題《もんだい》！

574まいのクッキーを8まいずつふくろに入《い》れます。
何《なん》ふくろできて、何《なん》まいあまりますか？

式《しき》
574÷8＝

答《こた》え
ふくろできて　　まいあまる

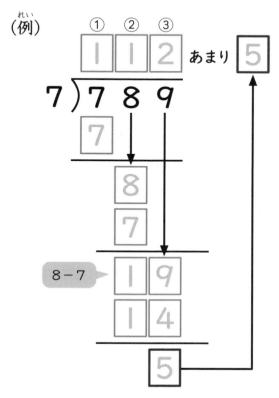

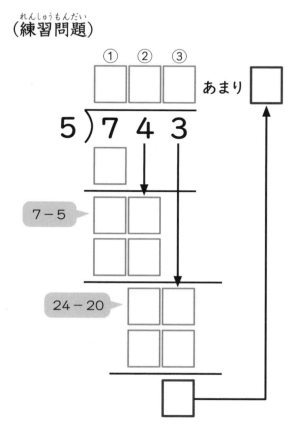

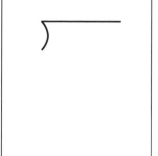

すてっぷ 4
計算 11

（　　　　）月（　　　　）日（　　　　）曜日

何十でわるわり算

1 60このいちごを、20こずつ箱《はこ》に入《い》れます。箱《はこ》は何《なん》こ必要《ひつよう》ですか？

いちごを10こずつふくろに入《い》れると、6ふくろできます。

2ふくろずつ箱《はこ》に入《い》れます。

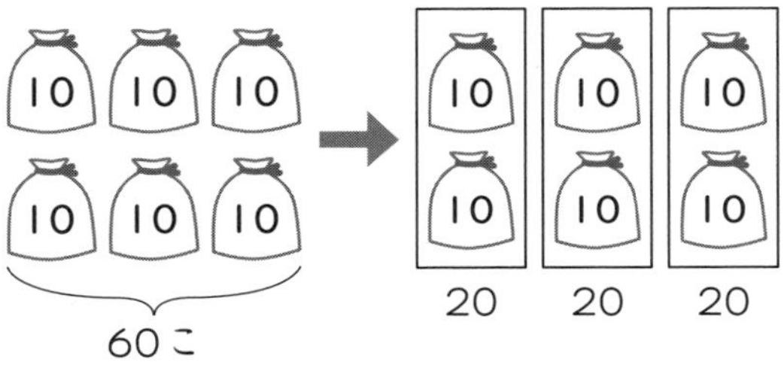

60 ÷ 20 は

6 ÷ 2 ＝ □ と同《おな》じ

答《こた》え □ 箱必要《はこひつよう》！

2 140÷30の計算《けいさん》について考《かんが》えましょう。

10を元《もと》にして考《かんが》えると

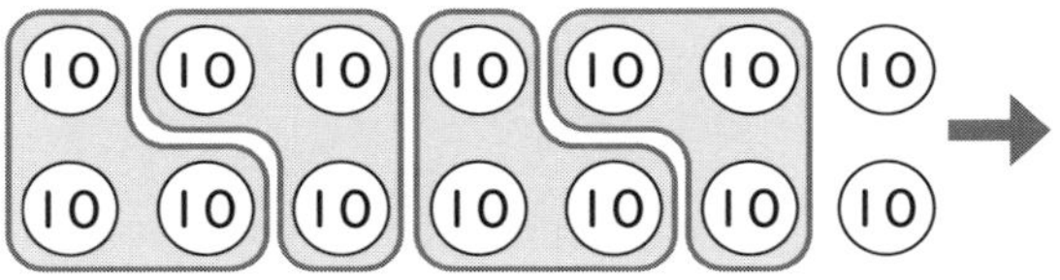

14 ÷ 3 ＝ 4 あまり 2

10が2こあることを表《あらわ》しているので

2 × 10

140 ÷ 30 ＝ 4 あまり □

3 次《つぎ》の計算《けいさん》をしましょう。

（1） 100 ÷ 20 ＝

（2） 250 ÷ 60 ＝

スペシャル 問題《もんだい》！

120まいの色紙《いろがみ》を、4年《ねん》2組《くみ》の40人全員《にんぜんいん》で同《おな》じまい数《すう》ずつ分《わ》けます。1人分《ひとりぶん》は何《なん》まいになりますか？

式《しき》	答《こた》え
120÷40＝	まい

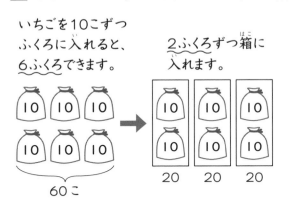

サポートドリル執筆者

株式会社Grow-Sさくらんぼ教室

勉強が苦手な子ども、発達障害をもつ子どものための学習塾。1990年開設。
千葉県・東京都・神奈川県・茨城県の13教室で２才〜社会人まで
2,500人が学習中（2021年３月現在）。

さくらんぼ教室ホームページ▼
http://www.sakuranbo-class.com/

伊庭 葉子（いば・ようこ）〔監修〕

株式会社Grow-S代表取締役（特別支援教育士）

1990年より発達障害をもつ子どもたちの学習塾「さくらんぼ教室」を展開。

小寺 絢子（こでら・あやこ）

株式会社Grow-S教室運営部・教務リーダー

さくらんぼ教室・教室長を歴任。
現在は教務リーダーとして、カリキュラムの作成、教材作成、人材育成など幅広く担当している。

内容見本

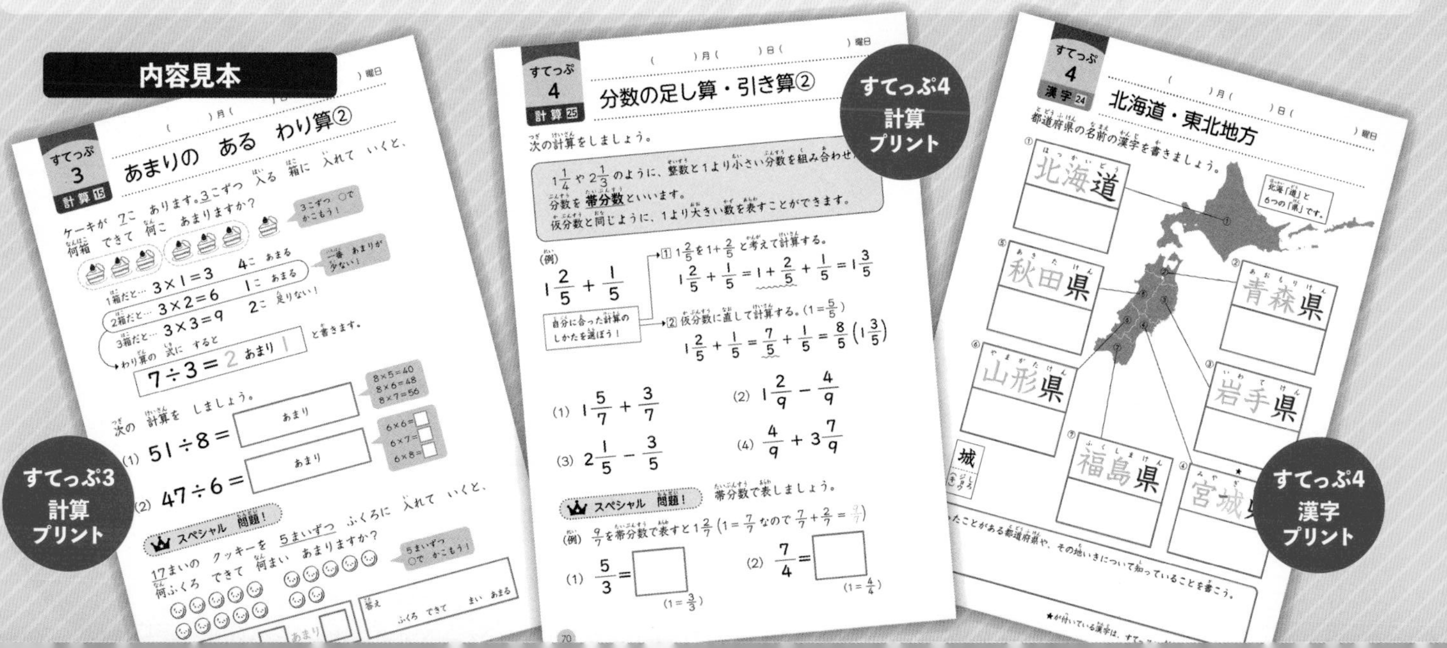

サポートドリル
漢字・計算 すてっぷ③

- B5判・88ページ
- 定価1,980円(本体1,800円+税)
- ISBN978-4-7619-2706-6

サポートドリル
漢字・計算 すてっぷ④

- B5判・88ページ
- 定価1,980円(本体1,800円+税)
- ISBN978-4-7619-2707-3

「すてっぷ3」は小学校3年、「すてっぷ4」は小学校4年の漢字と計算に対応しています

続刊のご案内 ▶ すてっぷ⑤・すてっぷ⑥ 2021年8月下旬刊行予定

- 学年にとらわれず、お子さんの得意・不得意に合わせて、ちょうどよい「すてっぷ」を選べるので、**通級指導教室**や**特別支援学級・学校**での個別指導に活用できるほか、家庭学習用教材としても役立ちます。
- “れんしゅうプリント”を活用することで、さらに個々に合わせた学びを広げることができます。学校やご家庭でもお子さんと一緒にたくさん問題を作ってみてください。

サポートドリルの特長

① 学びやすいサポートが入っているので、「できた!」が実感できる!

- 「かけるかな」「よめたら まるを つけよう」「スペシャルもんだい」などの課題を進めるごとに、「できた!」が実感でき、自信が持てるようになります。

② 繰り返し練習することで、漢字や計算の基礎が身につく!

- 付属のCD-ROMからPDFデータをプリントして、何度も使えます。
- 「れんしゅうプリント」を使って、オリジナル問題を作りながら、何度も練習できます。

③ 学習につまづきのある子、学習習慣がついていない子も自分のペースで学べる!

④ 子どもたちの生活の中で考える、イラストを使った身近で楽しい問題!

すてっぷ3
漢字
プリント

（　　　）月（　　　）日（　　　）曜日

2けたでわるわり算の筆算①

例《れい》を見《み》て、わり算《ざん》の筆算《ひっさん》にちょう戦《せん》しましょう。

（例《れい》）

　　　2
12)24
　　24
　　――
　　　0

1×□＝2になるような数《かず》をさがしてみよう！

（1）

　　　□
24)48
　　□□
　　――
　　　□

2×□＝4

（2）

　　　□
31)93
　　□□
　　――
　　　□

（3）

　　　□
12)36
　　□□
　　――
　　　□

（4）　21)84

筆算《ひっさん》は別《べつ》の紙《かみ》に書《か》こう！

（5）　13)39

筆算《ひっさん》は別《べつ》の紙《かみ》に書《か》こう！

スペシャル問題《もんだい》！

● 筆算《ひっさん》スペース

48このチョコレートを、12こずつ箱《はこ》に入《い》れます。
何箱《なんはこ》できますか？

式《しき》 48÷12＝	答《こた》え　　箱《はこ》

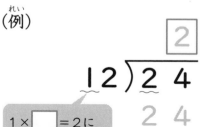

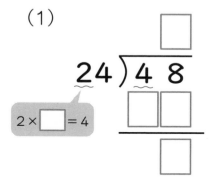

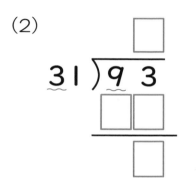

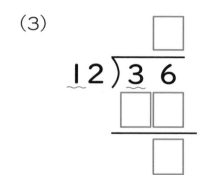

（　　　　）月（　　　　）日（　　　　　　）曜日

2けたでわるわり算の筆算②

例《れい》を見《み》て、わり算《ざん》の筆算《ひっさん》にちょう戦《せん》しましょう。

（例《れい》）

□

24）1 4 4

2 × □ ＝ 14

できない時《とき》は
1つ小《ちい》さく
してみよう！

7を入《い》れてみると

7

24）1 4 4

できた・できない

6を入《い》れてみると

6

24）1 4 4

できた・できない

（1）

□

53）2 6 5

（2）

23）1 3 8

スペシャル　問題《もんだい》！

筆算《ひっさん》は別《べつ》の
紙《かみ》に書《か》こう！

350このビーズがあります。42このビーズでブレスレットが1つ作《つく》れます。ブレスレットは何《なん》こできて、ビーズは何《なん》こあまりますか？

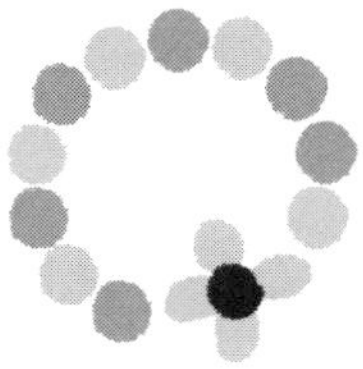

式《しき》

350÷42＝

答《こた》え

こできて、ビーズは　　　こあまる

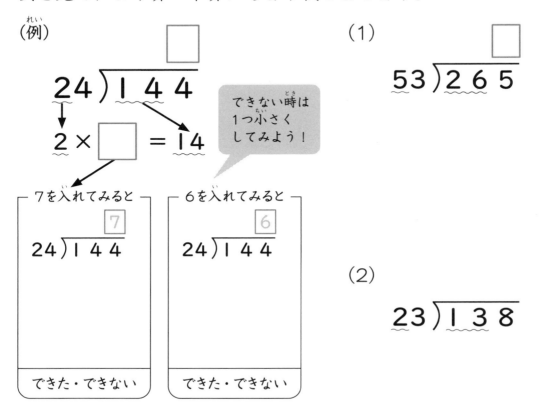

すてっぷ 4
計算 14

(　　　　)月(　　　　)日(　　　　　　)曜日

2けたでわるわり算の筆算③

例《れい》を見《み》て、わり算《ざん》の筆算《ひっさん》にちょう戦《せん》しましょう。

(例《れい》)

61の中《なか》に41はいくつ入《はい》る？

205の中《なか》に41はいくつ入《はい》る？

```
      1 5
41 ) 6 1 5
     4 1  ↓
     2 0 5
     2 0 5
         0
```

(1)

36の中《なか》に36はいくつ入《はい》る？

75の中《なか》に36はいくつ入《はい》る？

75－72

```
      □ □
36 ) 7 5 6
     □ □  ↓
       □ □
       □ □
         □
```

予想《よそう》を立《た》てて
計算《けいさん》してみよう！
間《ま》ちがっていたら、
直《なお》せばいいよ。

(2)　27)864

(3)　13)806

スペシャル　問題《もんだい》！

筆算《ひっさん》は別《べつ》の紙《かみ》に書《か》こう！

350円《えん》で、25まい入《い》りのせんべいを買《か》いました。

1まいのねだんは何円《なんえん》ですか？

式《しき》 350÷25＝	答《こた》え　　　　円《えん》

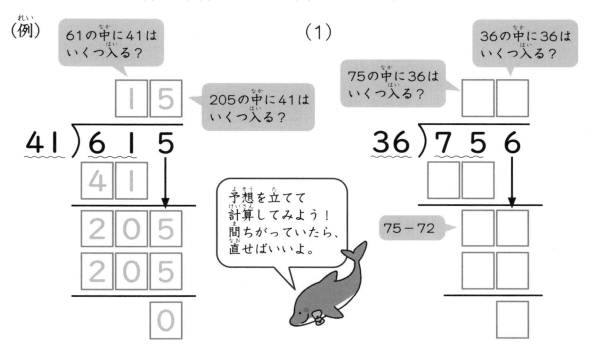

（　　　）月（　　　）日（　　　）曜日

2けたでわるわり算の筆算④

例《れい》を見《み》て、わり算《ざん》の筆算《ひっさん》にちょう戦《せん》しましょう。

（例《れい》）

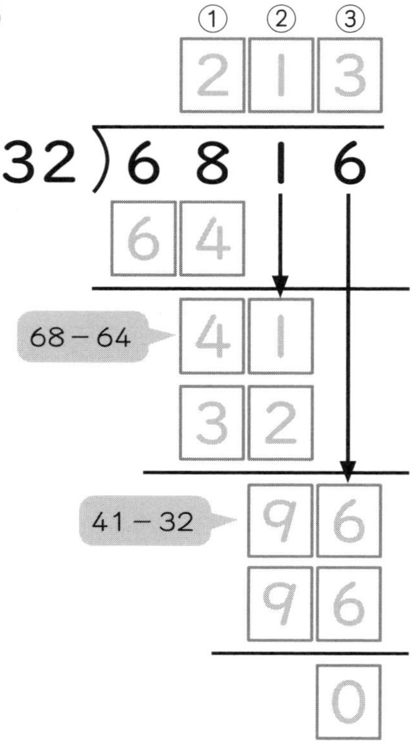

（1）

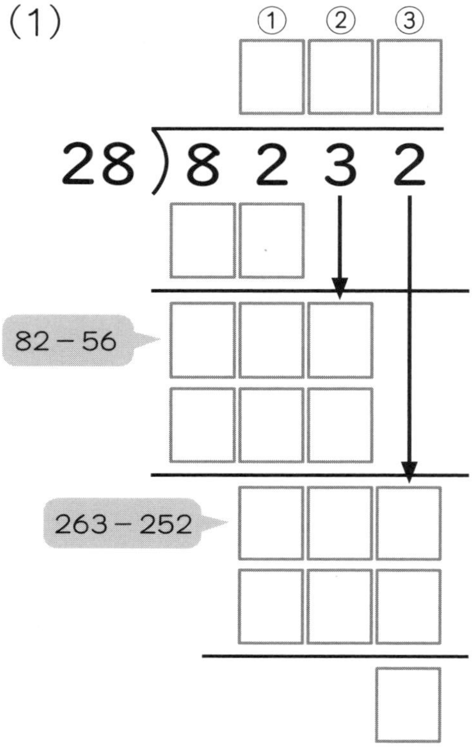

筆算《ひっさん》は別《べつ》の紙《かみ》に書《か》こう！

（2）　31)7843

筆算《ひっさん》は別《べつ》の紙《かみ》に書《か》こう！

（3）　19)8094

スペシャル 問題《もんだい》！

筆算《ひっさん》スペース

15まいセットで、9480円《えん》のタオルを買《か》いました。

タオル1まいのねだんはいくらですか？

式《しき》　9480÷15＝

答《こた》え　　円《えん》

(　　　)月(　　　)日(　　　)曜日

式と計算①

例《れい》を見《み》て、(　　　)を使《つか》った計算《けいさん》にちょう戦《せん》しましょう。

(例《れい》) 150円《えん》のりんごと120円《えん》のバナナを買《か》って、500円《えん》出《だ》すと、おつりは何円《なんえん》ですか？　(　)を使《つか》って、1つの式《しき》に書《か》いて求《もと》めましょう。

出《だ》したお金《かね》　りんご　バナナ

500 − (150 + 120) = おつり

(　)の中《なか》を先《さき》に計算《けいさん》します。

150+120=□

500 − □ = □

答《こた》え 230 円《えん》

(練習問題《れんしゅうもんだい》)

(1) 250円《えん》のクッキーと180円《えん》のチョコレートを買《か》って、500円《えん》出《だ》すと、おつりは何円《なんえん》ですか？
(　)を使《つか》って、1つの式《しき》に書《か》いて求《もと》めましょう。

式《しき》 500−(□+□)=

答《こた》え　円《えん》

(2) 350円《えん》のノートと270円《えん》のペンを買《か》って1000円《えん》出《だ》すと、おつりは何円《なんえん》ですか？

(　)を使《つか》って、1つの式《しき》に書《か》いて求《もと》めましょう。

式《しき》 □−(□+□)=

答《こた》え　円《えん》

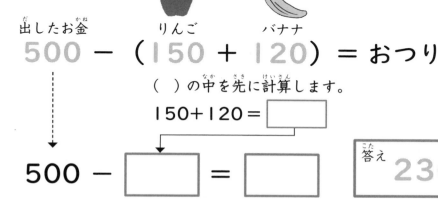

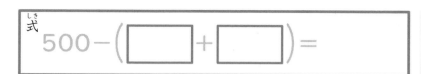

（　　　）月（　　　）日（　　　　）曜日

式と計算②

例《れい》を見《み》て、かけ算《ざん》・わり算《ざん》のまざった式《しき》の計算《けいさん》にちょう戦《せん》しましょう。

ふつう、左《ひだり》から順《じゅん》に計算《けいさん》しますが、
＋、－と×、÷では ×、÷を先《さき》に計算《けいさん》します。

（例《れい》）

$\boxed{8\times4}_{①} + \boxed{12\div2}_{②} = \overset{①}{\boxed{32}} + \overset{②}{\boxed{6}} = \boxed{38}$

（1）　$\boxed{8\times6}_{①} + \boxed{4\div2}_{②} =$

（2）　$20 + \boxed{4\times2}_{①} =$

（3）　$35 - 49 \div 7 =$

（4）　$56 \div 8 + 3 \times 9 =$

スペシャル　問題《もんだい》！

20こ入《い》りのあめを4ふくろ、15こ入《い》りのあめを
7ふくろ買《か》いました。あめは全部《ぜんぶ》で何《なん》こですか？

式《しき》　$20\times\square + 15\times\square =$

答《こた》え　　　　こ

すてっぷ
4
計算 18

(　　　)月(　　　)日(　　　)曜日

式と計算③

計算《けいさん》の順《じゅん》じょに気《き》をつけて、次《つぎ》の計算《けいさん》をしましょう。

(1)　$300-(200-45)=$

(2)　$4+16\times5=$

(3)　$42\div(12-6)=$

(4)　$57-21\div7=$

(5)　$12\times3+49\div7=$

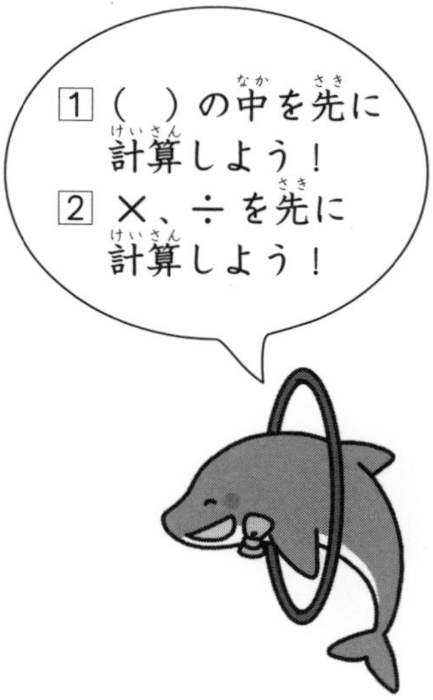

スペシャル 問題《もんだい》！

(　　)の位置《いち》に気《き》をつけて、次《つぎ》の計算《けいさん》をしましょう。

(1)　$(7\times3+6)\div3=$

(2)　$7\times(3+6)\div3=$

（　　　）月（　　　）日（　　　　）曜日

小数の足し算・引き算

次《つぎ》の計算《けいさん》をしましょう（筆算《ひっさん》を書《か》いて計算《けいさん》しよう）。

（1）5.04＋2.18＝

（2）7.32＋2.98＝

（3）4.73－3.22＝

（4）4.84－2.14＝

位《くらい》をそろえて筆算《ひっさん》しよう。

（5）2.5＋13.51＝

位《くらい》をそろえて筆算《ひっさん》しよう。

（6）6.2－3.29＝

スペシャル　問題《もんだい》！

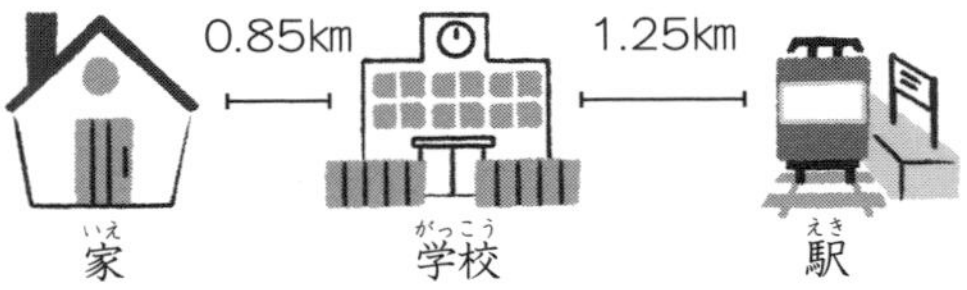

家《いえ》から学校《がっこう》まで0.85km、学校《がっこう》から駅《えき》まで1.25kmあります。家《いえ》から駅《えき》までは何《なん》kmですか？　（家《いえ》から駅《えき》までのと中《ちゅう》に学校《がっこう》があります。）

式《しき》	答《こた》え
0.85＋1.25＝	km

(　　　)月(　　　)日(　　　)曜日

小数×整数①

例《れい》を見《み》て、小数《しょうすう》のかけ算《ざん》にちょう戦《せん》しましょう。

(例《れい》) さとうが0.3kg入《はい》ったふくろが4ふくろあります。
さとうは全部《ぜんぶ》で何《なん》kgありますか。

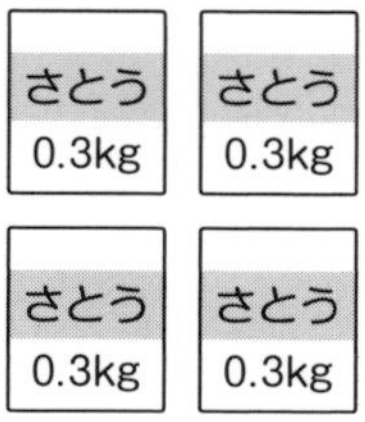

式《しき》 0.3kg × 4ふくろ = 1.2 kg

答《こた》え 1.2 kg

①整数《せいすう》と同《おな》じように筆算《ひっさん》する。
②小数点《しょうすうてん》をわすれないように！

筆算《ひっさん》

$$\begin{array}{r} 0.3 \\ \times \quad 4 \\ \hline 1.2 \end{array}$$

(1)

$$\begin{array}{r} 6.7 \\ \times \quad 8 \\ \hline \end{array}$$

(2)

$$\begin{array}{r} 2.88 \\ \times \quad 4 \\ \hline \end{array}$$

(3)

$$\begin{array}{r} 3.5 \\ \times \quad 7 \\ \hline \end{array}$$

(4)

$$\begin{array}{r} 6.27 \\ \times \quad 3 \\ \hline \end{array}$$

スペシャル　問題《もんだい》！

● 筆算《ひっさん》スペース

0.5L入《い》りのジュースが3本《ぼん》あります。
ジュースは全部《ぜんぶ》で何《なん》Lですか？

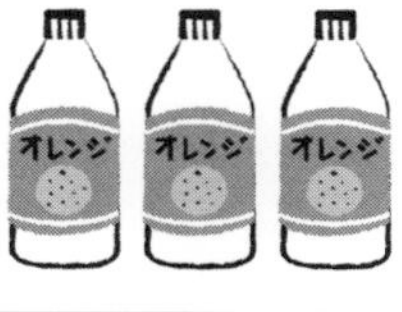

式《しき》 0.5 × 3 =

答《こた》え　L

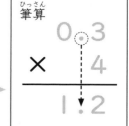

（　　　　）月（　　　　）日（　　　　　　）曜日

小数×整数②

例《れい》を見《み》て、小数《しょうすう》のかけ算《ざん》にちょう戦《せん》しましょう。

(例《れい》) 1.2kg のお米《こめ》が入《はい》ったふくろが32ふくろあります。お米《こめ》は全部《ぜんぶ》で何《なん》kg ありますか？

式《しき》　1.2kg × 32ふくろ ＝ 38.4

答《こた》え　38.4 kg

①数字《すうじ》をそろえて書《か》こう。
②小数点《しょうすうてん》をわすれないように！

筆算《ひっさん》

```
   1.2
×  3 2
──────
   2 4
 3 6
──────
 3 8.4
```

(1)

```
  3.8
× 8 5
─────
```

(2)

```
  6.1 4
×   3 7
───────
```

スペシャル　問題《もんだい》！　長《なが》さを小数《しょうすう》で表《あらわ》しましょう。

1m ＝ 100cmなので、0.1m ＝ 10cm　0.01m ＝ 1cm　となります。

(1) □ m ＝ 3cm　(2) 0.25m ＝ □ cm

すてっぷ
4
計算 22

（　　　）月（　　　）日（　　　　）曜日

小数÷整数①

例《れい》を見《み》て、小数《しょうすう》のわり算《ざん》にちょう戦《せん》しましょう。

(例《れい》) 5.2m のリボンを、4人《にん》で同《おな》じ長《なが》さずつ分《わ》けます。1人分《ひとりぶん》の長《なが》さは何《なん》m になりますか？

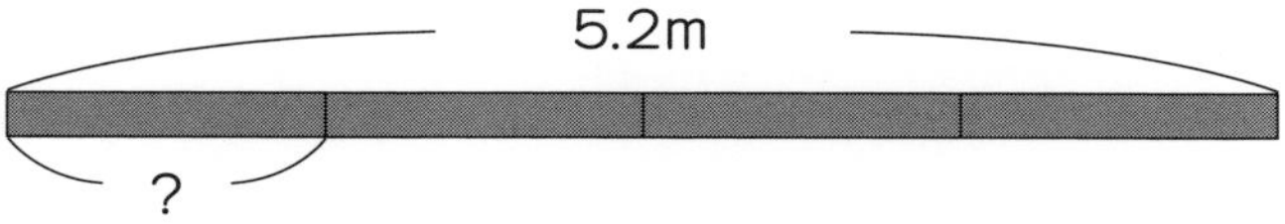

式《しき》　5.2 m ÷ 4 人《にん》 ＝ ☐
リボンの長《なが》さ　分《わ》ける人数《にんずう》

答《こた》え　1.3 m

①整数《せいすう》と同《おな》じように計算《けいさん》しよう。
②小数点《しょうすうてん》をわすれないように！
③小数点《しょうすうてん》の左《ひだり》に数字《すうじ》がないときは0を書《か》こう。

筆算《ひっさん》

```
    1.3
  ┌────
4 ) 5.2
    4
   ───
    1 2
    1 2
   ───
      0
```

(1)　5) 6.5

(2)　4) 3.28

スペシャル 問題《もんだい》！

1.92L の牛《ぎゅう》にゅうを、6つのコップに同《おな》じ量《りょう》ずつ分《わ》けます。
コップ1つ分《ぶん》は何《なん》L になりますか？

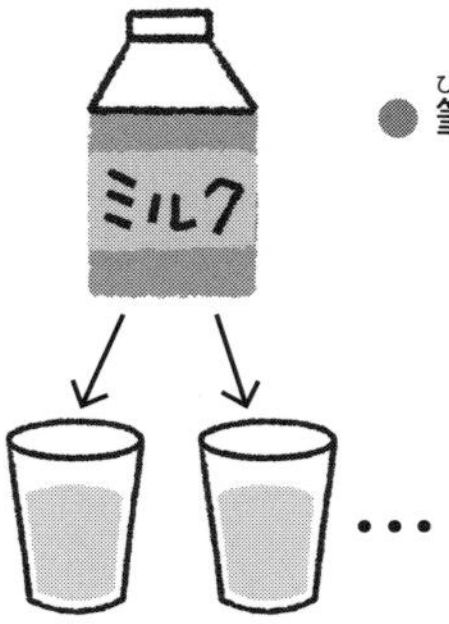

● 筆算《ひっさん》スペース

式《しき》　1.92 ÷ 6 ＝

答《こた》え　　L

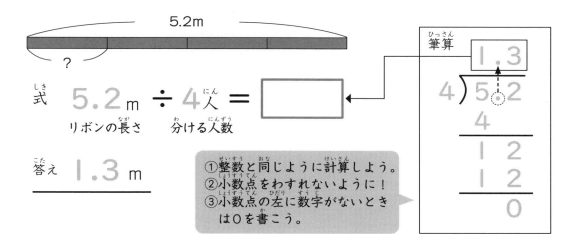

(　　　)月(　　　)日(　　　　　)曜日

小数÷整数②

例《れい》を見《み》て、小数《しょうすう》のわり算《ざん》にちょう戦《せん》しましょう。

(例《れい》)　91.8Lの水《みず》を34人《にん》で同《おな》じ量《りょう》ずつ分《わ》けます。1人分《ひとりぶん》の水《みず》は何《なん》Lですか？

式《しき》　91.8L ÷ 34人《にん》 = [　　　] L

答《こた》え　2.7 L

わる数《かず》が2けたになっても、同《おな》じように計算《けいさん》できます。筆算《ひっさん》も丁《てい》ねいに書《か》き、小数点《しょうすうてん》をそろえてつけましょう。

筆算《ひっさん》

```
     2.7
34)91.8
   68
   238
   238
     0
```

(1)　45)85.5

(2)　69)48.3

スペシャル　問題《もんだい》！

28.4kgのお米《こめ》を8まいのふくろに同《おな》じ量《りょう》ずつ入《い》れます。1ふくろのお米《こめ》は何《なん》kgになりますか？

● 筆算《ひっさん》スペース

式《しき》　28.4 ÷ 8 =

答《こた》え　　　　kg

すてっぷ
4
計算 24

( )月( )日( )曜日

分数の足し算・引き算①

次《つぎ》の計算《けいさん》をしましょう。

$\frac{5}{2}$ や $\frac{7}{2}$ などの分母《ぶんぼ》より分子《ぶんし》の数《かず》が大《おお》きい分数《ぶんすう》を**仮分数《かぶんすう》**といい、**1より大《おお》きい数《かず》**を表《あらわ》します。

(例《れい》)　仮分数《かぶんすう》も、1より小《ちい》さい分数《ぶんすう》と同《おな》じように計算《けいさん》できます。

$$\frac{7}{5}+\frac{9}{5}=\frac{16}{5}$$

分母《ぶんぼ》はそのまま、分子《ぶんし》どうしを計算《けいさん》する。

(1) $\frac{2}{8}+\frac{7}{8}$

(2) $\frac{16}{9}-\frac{11}{9}$

(3) $\frac{3}{6}+\frac{4}{6}$

(4) $\frac{21}{6}-\frac{13}{6}$

スペシャル　問題《もんだい》！

色《いろ》のついている部分《ぶぶん》を仮分数《かぶんすう》で表《あらわ》しましょう。

何《なん》こ分《ぶん》ですか？

(1)

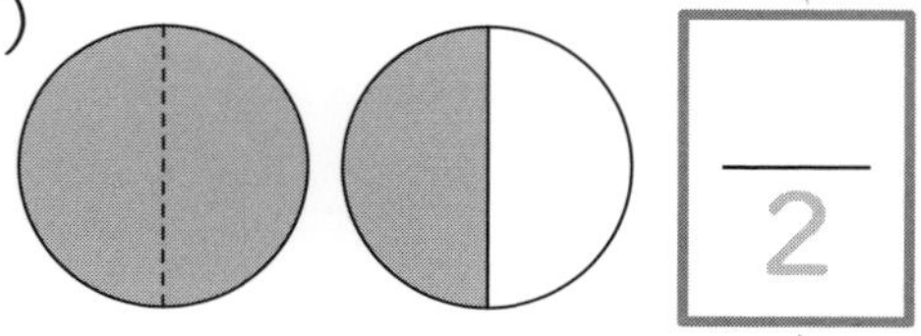

ケーキ1つを2つに分《わ》けた

(2)

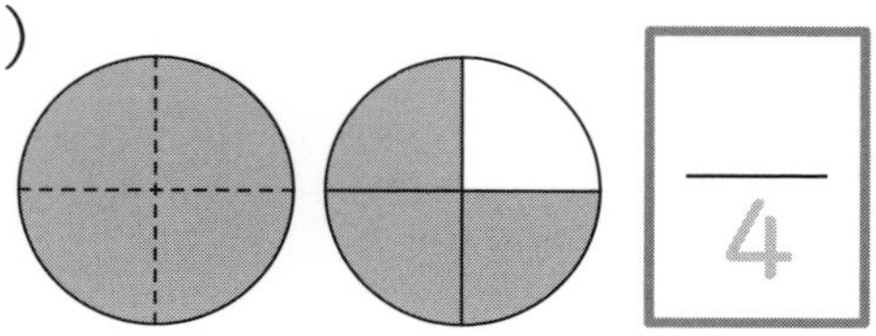

（　　　）月（　　　）日（　　　）曜日

分数の足し算・引き算②

次《つぎ》の計算《けいさん》をしましょう。

$1\frac{1}{4}$ や $2\frac{1}{3}$ のように、整数《せいすう》と1より小《ちい》さい分数《ぶんすう》を組《く》み合《あ》わせた分数《ぶんすう》を **帯分数《たいぶんすう》** といいます。
仮分数《かぶんすう》と同《おな》じように、1より大《おお》きい数《かず》を表《あらわ》すことができます。

(例《れい》)

$$1\frac{2}{5}+\frac{1}{5}$$

自分《じぶん》に合《あ》った計算《けいさん》のしかたを選《えら》ぼう！

1 $1\frac{2}{5}$ を $1+\frac{2}{5}$ と考《かんが》えて計算《けいさん》する。

$$1\frac{2}{5}+\frac{1}{5}=1+\frac{2}{5}+\frac{1}{5}=1\frac{3}{5}$$

2 仮分数《かぶんすう》に直《なお》して計算《けいさん》する。$(1=\frac{5}{5})$

$$1\frac{2}{5}+\frac{1}{5}=\frac{7}{5}+\frac{1}{5}=\frac{8}{5}\left(1\frac{3}{5}\right)$$

(1) $1\frac{5}{7}+\frac{3}{7}$

(2) $1\frac{2}{9}-\frac{4}{9}$

(3) $2\frac{1}{5}-\frac{3}{5}$

(4) $\frac{4}{9}+3\frac{7}{9}$

スペシャル 問題《もんだい》！ 帯分数《たいぶんすう》で表《あらわ》しましょう。

(例《れい》) $\frac{9}{7}$ を帯分数《たいぶんすう》で表《あらわ》すと $1\frac{2}{7}$ $\left(1=\frac{7}{7}\right.$ なので $\left.\frac{7}{7}+\frac{2}{7}=\frac{9}{7}\right)$

(1) $\frac{5}{3}=$ □ $(1=\frac{3}{3})$

(2) $\frac{7}{4}=$ □ $(1=\frac{4}{4})$

すてっぷ 4
計算 26

（　　　）月（　　　）日（　　　）曜日

分数の足し算・引き算③

次《つぎ》の計算《けいさん》をしましょう。

仮分数《かぶんすう》と帯分数《たいぶんすう》がまざった計算《けいさん》は、
帯分数《たいぶんすう》を仮分数《かぶんすう》に直《なお》して計算《けいさん》します。

(例《れい》)

$$\frac{25}{9}-2\frac{3}{9}=\frac{25}{9}-\left(\frac{18}{9}+\frac{3}{9}\right)$$

9×2

$2=\frac{18}{9}$と直《なお》して考《かんが》えよう！

$$=\frac{25}{9}-\frac{21}{9}=\frac{4}{9}$$

（1）$\frac{8}{7}+2\frac{1}{7}$

$2\frac{1}{7}$ ↓ $\frac{14}{7}+\frac{1}{7}$

（2）$\frac{21}{5}-1\frac{2}{5}$

$1\frac{2}{5}$ ↓ $\frac{5}{5}+\frac{2}{5}$

スペシャル　問題《もんだい》！

色《いろ》のついている部分《ぶぶん》を仮分数《かぶんすう》と帯分数《たいぶんすう》で表《あらわ》しましょう。

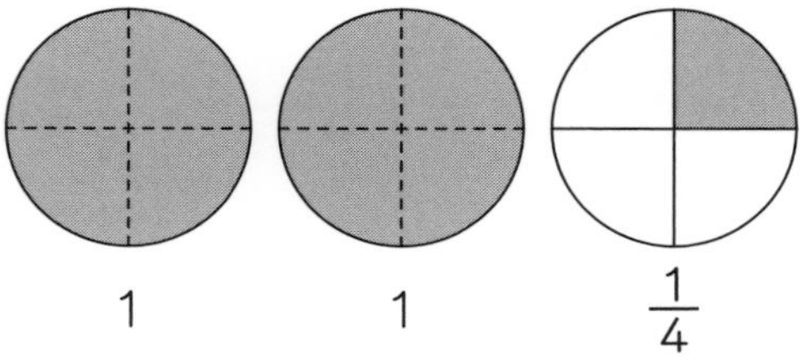

仮分数《かぶんすう》　帯分数《たいぶんすう》

すてっぷ
4
計算 27

(　　　　)月(　　　　)日(　　　　　　)曜日

一億をこえる数①

1 次《つぎ》の数字《すうじ》を声《こえ》に出《だ》して読《よ》みましょう。

(1) 3億《おく》　　(2) 270億《おく》

(3) ななひゃくにじゅうろくおくさんぜんまん

7	2	6	3	0	0	0	0	0	0	0
百億《ひゃくおく》	十億《じゅうおく》	一億《いちおく》	千万《せんまん》	百万《ひゃくまん》	十万《じゅうまん》	万《まん》	千《せん》	百《ひゃく》	十《じゅう》	一《いち》

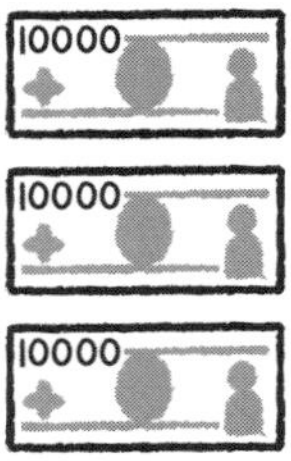

2 左《ひだり》の表《ひょう》を見《み》ながら、大《おお》きい数《かず》を書《か》いて読《よ》みましょう。

一万《いちまん》					1	0	0	0	0
十万《じゅうまん》				1	0	0	0	0	0
百万《ひゃくまん》			1	0	0	0	0	0	0
千万《せんまん》		1	0	0	0	0	0	0	0
一億《いちおく》	1	0	0	0	0	0	0	0	0

(1) 十万円《じゅうまんえん》

円《えん》

(2) 二《に》百万円《ひゃくまんえん》

円《えん》

(3) 三千万円《さんぜんまんえん》

円《えん》

スペシャル　問題《もんだい》！

数《かず》を読《よ》んでから、数字《すうじ》で書《か》きましょう。

(1) 三万《さんまん》二《に》千《せん》 →

十万《じゅうまん》	万《まん》	千《せん》	百《ひゃく》	十《じゅう》	一《いち》

(2) 十《じゅう》二《に》万《まん》五《ご》千《せん》 →

十万《じゅうまん》	万《まん》	千《せん》	百《ひゃく》	十《じゅう》	一《いち》

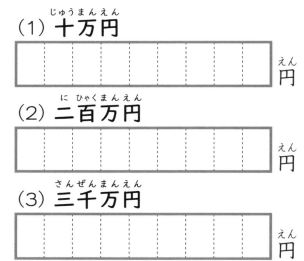

すてっぷ
4
計算 28

(　　　　)月(　　　　)日(　　　　　　　　)曜日

一億をこえる数②

1 次《つぎ》の数字《すうじ》を声《こえ》に出《だ》して読《よ》みましょう。

（1） 6兆《ちょう》　　（2） 13兆《ちょう》

（3）

2	3	4	0	0	0	0	0	0	0	0	0	0
一兆《いっちょう》	千億《せんおく》	百億《ひゃくおく》	十億《じゅうおく》	一億《いちおく》	千万《せんまん》	百万《ひゃくまん》	十万《じゅうまん》	万《まん》	千《せん》	百《ひゃく》	十《じゅう》	一《いち》

2 数字《すうじ》を入《い》れて、大《おお》きい数《かず》を作《つく》って読《よ》んでみましょう。読《よ》めたら□に○をつけましょう。

（1）

一兆《いっちょう》	千億《せんおく》	百億《ひゃくおく》	十億《じゅうおく》	一億《いちおく》	千万《せんまん》	百万《ひゃくまん》	十万《じゅうまん》	万《まん》	千《せん》	百《ひゃく》	十《じゅう》	一《いち》

□

（2）

一兆《いっちょう》	千億《せんおく》	百億《ひゃくおく》	十億《じゅうおく》	一億《いちおく》	千万《せんまん》	百万《ひゃくまん》	十万《じゅうまん》	万《まん》	千《せん》	百《ひゃく》	十《じゅう》	一《いち》

□

スペシャル　問題《もんだい》！

10倍《ばい》にするときは、右《みぎ》に0を1つ、100倍《ばい》は0を2つつければいいよ！
（例《れい》）10＜10倍《ばい》　100
　　　　　　　100倍《ばい》　1000

10倍《ばい》、100倍《ばい》の数《かず》を書《か》きましょう。

（1） 30
- 10倍《ばい》 □
- 100倍《ばい》 □

（2） 261
- 10倍《ばい》 □
- 100倍《ばい》 □

（　　　）月（　　　）日（　　　　）曜日

大きな数のかけ算にチャレンジ

次《つぎ》の計算《けいさん》をしましょう。

（例《れい》）

		3	1	9
	×	2	5	4
	1	2	7	6
1	5	9	5	
6	3	8		
8	1	0	2	6

319 × 254 ＝ 81026

（1）

$$\begin{array}{r} 216 \\ \times\ 445 \\ \hline \end{array}$$

（2）

$$\begin{array}{r} 97 \\ \times\ 364 \\ \hline \end{array}$$

スペシャル　問題《もんだい》！

3120円《えん》のぼうさいセットを、全校児童《ぜんこうじどう》263人分《にんぶん》買《か》います。
全部《ぜんぶ》で何円《なんえん》になりますか？

● 筆算《ひっさん》スペース

式《しき》　3120 × 263 ＝

答《こた》え　　　　円《えん》

すてっぷ
4
計算 30

（　　　）月（　　　）日（　　　）曜日

がい数①

「がい数《すう》」について学《まな》びましょう。

がい数《すう》とは、**およその数《かず》**（だいたいの数《かず》）のことです。

（例《れい》）　198円《えん》　→　およそ200円《えん》（約《やく》200円《えん》）

2005円《えん》　→　およそ2000円《えん》（約《やく》2000円《えん》）

（1）およそ何百円《なんびゃくえん》ですか？

398円《えん》

約《やく》（300円《えん》・400円《えん》）

（2）およそ何千人《なんぜんにん》ですか？

5012人《にん》

約《やく》（5000人《にん》・6000人《にん》）

（3）およそ何千円《なんぜんえん》ですか？

2198円《えん》

約《やく》（2000円《えん》・3000円《えん》）

（4）およそ何万人《なんまんにん》ですか？

39800人《にん》

約《やく》（30000人《にん》・40000人《にん》）

スペシャル問題《もんだい》！

あなたは買《か》い物《もの》に行《い》ったことがありますか？　次《つぎ》の品物《しなもの》がだいたい何円《なんえん》で売《う》っているか予想《よそう》して書《か》きましょう。

えん筆《ぴつ》1本《ぽん》

およそ　　　　円《えん》

ノート1さつ

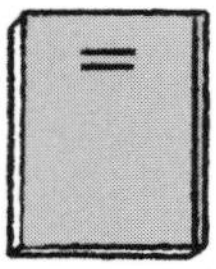

およそ　　　　円《えん》

あなたの好《す》きなおかし

自分《じぶん》で書《か》こう！

およそ　　　　円《えん》

すてっぷ 4
計算 31

（　　　）月（　　　）日（　　　）曜日

がい数②

「四捨五入《ししゃごにゅう》」について学《まな》びましょう。

0 1 2 3 4 | 5 6 7 8 9

四捨《ししゃ》　4以下《いか》の数《かず》は捨《す》てる → **0にする**

五入《ごにゅう》　5以上《いじょう》の数《かず》は入《い》れる → **くり上《あ》げる**

（例《れい》）53 → 50　（3 → 0）

（例《れい》）57 → 60　（5+1）

千《せん》の位《くらい》を四捨五入《ししゃごにゅう》して、一万《いちまん》の位《くらい》までのがい数《すう》にしましょう。

（1）63210 → ［　　　　］　（2）85000 → ［　　　　］

（3）24980 → ［　　　　］　（4）39207 → ［　　　　］

スペシャル　問題《もんだい》！

500円《えん》を持《も》って、コンビニエンスストアに買《か》い物《もの》に行《い》きます。
（1）（2）の品物《しなもの》は買《か》えるでしょうか？　買えないでしょうか？

おにぎり
136円《えん》

ジュース
98円《えん》

お茶《ちゃ》
145円《えん》

アイスクリーム
216円《えん》

チョコレート
126円《えん》

（1）　おにぎり２ことお茶《ちゃ》１本《ぽん》　（　買《か》える　・　買《か》えない　）

（2）　アイスクリーム３こ　（　買《か》える　・　買《か》えない　）

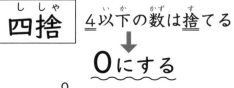

（　　）月（　　）日（　　）曜日

がい数③

「四捨五入《ししゃごにゅう》」を利用《りよう》して、答《こた》えの見当《けんとう》をつけましょう。

はるとさんの市《し》の人口《じんこう》は、右《みぎ》の表《ひょう》のとおりです。

	人口《じんこう》（人数《にんずう》）
男《おとこ》	207529
女《おんな》	192137

（1）男女《だんじょ》の人口《じんこう》は、それぞれ約何万何千人《やくなんまんなんぜんにん》ですか？　四捨五入《ししゃごにゅう》して求《もと》めましょう。

男《おとこ》　207529人《にん》 → [　　　　] 人《にん》

女《おんな》　192137人《にん》 → [　　　　] 人《にん》

（2）男女《だんじょ》の人口《じんこう》は、合《あ》わせて約何万何千人《やくなんまんなんぜんにん》といえばよいですか？
（1）で求《もと》めたがい数《すう》を使《つか》って計算《けいさん》しましょう！

式《しき》

答《こた》え　約《やく》　　　人《にん》

スペシャル　問題《もんだい》！

3年生《ねんせい》と4年生《ねんせい》の合《あ》わせて192人《にん》で博物館《はくぶつかん》へ行《い》きます。入館料《にゅうかんりょう》は1人《ひとり》415円《えん》です。全体《ぜんたい》のひ用《よう》はおよそ何円《なんえん》になりますか？

およその数《かず》にしよう！　（上《うえ》から1けたのがい数《すう》にしよう）

192人《にん》 →（　　　　）人《にん》　　415円《えん》 →（　　　　）円《えん》

式《しき》

答《こた》え　およそ　　　円《えん》

(　　　)月(　　　)日(　　　)曜日

練習プリント①

CD-ROM プリントしてつかおう!

問題《もんだい》を作《つく》って、かけ算《ざん》の筆算《ひっさん》を練習《れんしゅう》しましょう!

どんな筆算《ひっさん》にする?

□2けた×2けた　□3けた×2けた
□大《おお》きな数《かず》のかけ算《ざん》(3けた×3けた、4けた×3けた)

(1)

□ × □ = □

×

(2)

□ × □ = □

×

（　　　）月（　　　）日（　　　）曜日

練習プリント②

CD-ROM プリントしてつかおう！

問題《もんだい》を作《つく》って、わり算《ざん》の筆算《ひっさん》を練習《れんしゅう》しましょう！（52〜60ページで間《ま》ちがえた問題《もんだい》を写《うつ》してもいいです。）

どんな筆算《ひっさん》にする？

- □ 2けた÷1けた
- □ 2けた÷2けた
- □ 3けた÷1けた
- □ 3けた÷2けた

（1）

□ ÷ □ = □

（2）

□ ÷ □ = □

とき終《お》わったら、見直《みなお》しをしよう！

（　　　）月（　　　）日（　　　）曜日

練習プリント③

CD-ROM プリントしてつかおう!

1 64～68ページを見《み》て、小数《しょうすう》の計算問題《けいさんもんだい》を作《つく》りましょう。

（1）

（2）

2 69～71ページを見《み》て、分数《ぶんすう》の計算問題《けいさんもんだい》を作《つく》りましょう。

（1）

（2）

すてっぷ
4
計算

（　　　）月（　　　）日（　　　）曜日

練習プリント④

CD-ROM プリントしてつかおう！

1 +、−、×、÷　から、好《す》きな記号《きごう》を使《つか》って、計算問題《けいさんもんだい》を作《つく》りましょう。

記号《きごう》は、いくつ使《つか》ってもいいよ！

(1)

(2)

2 +、−、×、÷　から、好《す》きな記号《きごう》を使《つか》って、文章問題《ぶんしょうもんだい》を作《つく》りましょう。

絵《え》をかいてもいいよ！

式《しき》

答《こた》え

すてっぷ
4
計算

（　　　）月（　　　）日（　　　）曜日

チャレンジテスト１

次《つぎ》の計算《けいさん》をしましょう。

① $\begin{array}{r} 323 \\ \times \quad 11 \\ \hline \end{array}$

② $\begin{array}{r} 231 \\ \times \quad 21 \\ \hline \end{array}$

③ $3\overline{)48}$

④ $3\overline{)224}$

次《つぎ》の計算《けいさん》をしましょう。

⑤ $\begin{array}{r} 3.5 \\ \times \quad 6 \\ \hline \end{array}$

⑥ $\begin{array}{r} 4.19 \\ \times \quad 23 \\ \hline \end{array}$

⑦ $5\overline{)7.5}$

⑧ $27\overline{)8.37}$

次《つぎ》の問題《もんだい》に答《こた》えましょう。

⑨数《かず》を声《こえ》に出《だ》して読《よ》み、数字《すうじ》で書《か》きましょう。

二十三万六千七百

十万《じゅうまん》	万《まん》	千《せん》	百《ひゃく》	十《じゅう》	一《いち》

⑩2684の100倍《ばい》の数《かず》はいくつですか？

10問中《もんちゅう》、何問《なんもん》合《あ》っていましたか？　　問《もん》／10問《もん》

すてっぷ
4
計算

（　　　）月（　　　）日（　　　）曜日

チャレンジテスト２

次《つぎ》の計算《けいさん》をしましょう。

① 19)532

② 52)3588

分数《ぶんすう》の計算《けいさん》をしましょう。

③ $\frac{2}{9}+\frac{5}{9}$

④ $\frac{4}{7}-\frac{1}{7}$

⑤ $\frac{11}{3}+\frac{2}{3}$

⑥ $3\frac{2}{5}-1\frac{1}{5}$

計算《けいさん》の順《じゅん》じょに気《き》をつけて、次《つぎ》の計算《けいさん》をしましょう。

⑦ $59+240\div6$

⑧ $8\times(6-4)\div2$

千《せん》の位《くらい》を四捨五入《ししゃごにゅう》して、一万《いちまん》の位《くらい》までのがい数《すう》にしましょう。

⑨ 82567

⑩ 26847

10問中《もんちゅう》、何問《なんもん》合《あ》っていましたか？　　問《もん》／10問《もん》

答え

すてっぷ 4 計算

●46ページ【計算1】

(1) 5あまり1　(2) 3あまり1

(3) 5あまり5　(4) 6

(5) 4あまり5　(6) 9あまり1

【スペシャル問題《もんだい》】

式《しき》　52÷6＝8あまり4

答《こた》え　8 (箱《はこ》できて) 4 (こあまる)

●47ページ【計算2】

1 (1) 0.4 (L)　(2) $\frac{3}{5}$ (m)

2 (1) $\frac{3}{5}$　(2) 1 ($\frac{3}{3}$)　(3) 1.9　(4) 0.7

【スペシャル問題《もんだい》】

(1) <　(2) >

●48ページ【計算3】

(1) 120　(2) 62

(3) 270　(4) 744

【スペシャル問題《もんだい》】

(1) 式《しき》　126×3＝378　答《こた》え　378 (円《えん》)

(2) 式《しき》　500－378＝122

答《こた》え　122 (円《えん》)

●49ページ【計算4】

(1) 23856　(2) 26500　(3) 44304

【スペシャル問題《もんだい》】

答《こた》え　44100 (円《えん》)

●50ページ【計算5】

(1) 551040　(2) 521752

(3) 779482

【スペシャル問題《もんだい》】

答《こた》え　138600 (円《えん》)

●51ページ【計算6】

1 (12÷6＝) 2

(1ふくろ10まい入《い》りなので、) 2 (ふくろで) (10×) 2 (＝) 20　答《こた》え　20 (まい)

2 (6÷3＝) 2

(100円玉《えんだま》が) 2 (まいなので、)

(100×) 2 (＝) 200　答《こた》え　200 (円《えん》)

3 (1) 50　(2) 200

【スペシャル問題《もんだい》】

答《こた》え　300 (円《えん》ずつ)

●52ページ【計算7】

(1) 32　(2) 21　(3) 23

【スペシャル問題《もんだい》】

答《こた》え　15 (こ)

●53ページ【計算8】

(1) 71　(2) 121　(3) 91

【スペシャル問題《もんだい》】

154 (cm)　答《こた》え　22 (本《ほん》)

●54ページ【計算9】

(1) 15 (あまり) 2

(2) 19あまり1　(3) 13あまり4

【スペシャル問題《もんだい》】

答《こた》え　6 (週間《しゅうかん》) と3 (日《か》)

●55ページ【計算10】

練習問題《れんしゅうもんだい》　148 (あまり) 3

【スペシャル問題《もんだい》】

答《こた》え　71 (ふくろできて) 6 (まいあまる)

●56ページ【計算11】

1 (6÷2＝) 3 (と同《おな》じ)

答《こた》え　3箱必要《はこひつよう》！

2 (140÷30＝4あまり) 20

3 (1) 5　(2) 4あまり10

【スペシャル問題《もんだい》】

答《こた》え　3まい

●57ページ【計算12】

(1) 2　(2) 3　(3) 3　(4) 4　(5) 3

【スペシャル問題《もんだい》】

答《こた》え　4 (箱《はこ》)

●58ページ【計算13】

(1) 5　(2) 6

【スペシャル問題《もんだい》】

答《こた》え　8 (こできて、ビーズは) 14 (こあまる)

●59ページ【計算14】

(1) 21　(2) 32　(3) 62

【スペシャル問題《もんだい》】

答《こた》え　14（円《えん》）

●60ページ【計算15】

（1）294　（2）253　（3）426

【スペシャル問題《もんだい》】

答《こた》え　632（円《えん》）

●61ページ【計算16】

（1）式《しき》　500－（250+180）＝70

　　答《こた》え　70（円《えん》）

（2）式《しき》　1000－（350+270）＝380

　　答《こた》え　380（円《えん》）

●62ページ【計算17】

（1）50　（2）28　（3）28　（4）34

【スペシャル問題《もんだい》】

式《しき》　20×4+15×7＝185

答《こた》え　185（こ）

●63ページ【計算18】

（1）145　（2）84　（3）7

（4）54　（5）43

【スペシャル問題《もんだい》】

（1）9　（2）21

●64ページ【計算19】

（1）7.22　（2）10.3　（3）1.51

（4）2.7　（5）16.01　（6）2.91

【スペシャル問題《もんだい》】

答《こた》え　2.1（km）

●65ページ【計算20】

（1）53.6　（2）11.52　（3）24.5

（4）18.81

【スペシャル問題《もんだい》】

答《こた》え　1.5（L）

●66ページ【計算21】

（1）323　（2）227.18

【スペシャル問題《もんだい》】

（1）0.03　（2）25

●67ページ【計算22】

（1）1.3　（2）0.82

【スペシャル問題《もんだい》】

答《こた》え　0.32（L）

●68ページ【計算23】

（1）1.9　（2）0.7

【スペシャル問題《もんだい》】

答《こた》え　3.55（kg）

●69ページ【計算24】

（1）$\frac{9}{8}$　（2）$\frac{5}{9}$　（3）$\frac{7}{6}$　（4）$\frac{8}{6}$

【スペシャル問題《もんだい》】

（1）$\frac{3}{2}$　（2）$\frac{7}{4}$

●70ページ【計算25】

（1）$\frac{15}{7}$（$2\frac{1}{7}$）　（2）$\frac{7}{9}$

（3）$\frac{8}{5}$（$1\frac{3}{5}$）　（4）$\frac{38}{9}$（$4\frac{2}{9}$）

【スペシャル問題《もんだい》】

（1）$1\frac{2}{3}$　（2）$1\frac{3}{4}$

●71ページ【計算26】

（1）$\frac{23}{7}$（$3\frac{2}{7}$）　（2）$\frac{14}{5}$（$2\frac{4}{5}$）

【スペシャル問題《もんだい》】

仮分数《かぶんすう》　$\frac{9}{4}$　　帯分数《たいぶんすう》　$2\frac{1}{4}$

●72ページ【計算27】

[2]（1）100000　（2）2000000

（3）30000000

【スペシャル問題《もんだい》】

（1）32000　（2）125000

●73ページ【計算28】

【スペシャル問題《もんだい》】

（1）（10倍《ばい》）300、（100倍《ばい》）3000

（2）（10倍《ばい》）2610、（100倍《ばい》）26100

●74ページ【計算29】

（1）96120　（2）35308

【スペシャル問題《もんだい》】

答《こた》え　820560（円《えん》）

●75ページ【計算30】

（1）400円《えん》　（2）5000人《にん》

（3）2000円《えん》　（4）40000人《にん》

●76ページ【計算31】

（1）60000　（2）90000

（3）20000　（4）40000

【スペシャル問題《もんだい》】

（1）買《か》える　（2）買《か》えない

●77ページ【計算32】

（1）男《おとこ》　208000（人《にん》）

　　女《おんな》　192000（人《にん》）

（2）式《しき》　208000+192000＝400000

答《こた》え　(約《やく》) 400000 (人《にん》)

【スペシャル問題《もんだい》】

式《しき》　200 × 400 ＝ 80000

答《こた》え　(およそ) 80000 (円《えん》)

●82ページ【チャレンジテスト1】

次《つぎ》の計算《けいさん》をしましょう。

①
323
× 11
323
323
3553

②
231
× 21
231
462
4851

③
16
3)48
3
18
18
0

④
74
3)224
21
14
12
2

次《つぎ》の計算《けいさん》をしましょう。

⑤
3.5
× 6
21.0

⑥
4.19
× 23
12 57
83 8
96.37

⑦
1.5
5)7.5
5
25
25
0

⑧
0.31
27)8.37
81
27
27
0

次《つぎ》の問題《もんだい》に答《こた》えましょう。

⑨数《かず》を声《こえ》に出《だ》して読《よ》み、数字《すうじ》で書《か》きましょう。

二十三万六千七百《にじゅうさんまんろくせんななひゃく》

2	3	6	7	0	0
十万《じゅうまん》	万《まん》	千《せん》	百《ひゃく》	十《じゅう》	一《いち》

⑩2684の100倍《ばい》の数《かず》はいくつですか？

268400

①～④筆算《ひっさん》のくり上《あ》がり、くり下《さ》がりは必《かなら》ず書《か》きこみましょう！
④は、百《ひゃく》の位《くらい》の「2」は3より小《ちい》さい数《かず》なので、百《ひゃく》の位《くらい》の上《うえ》には何《なに》も書《か》きません。

⑤～⑧「小数《しょうすう》×整数《せいすう》」「小数《しょうすう》÷整数《せいすう》」の計算《けいさん》は、整数《せいすう》どうしのように計算《けいさん》をしてから小数点《しょうすうてん》をそろえて打《う》ちます。小《しょう》数点《すうてん》を打《う》つ時《とき》に間《ま》ちがえないよう、位《くらい》をそろえて筆算《ひっさん》をしましょう。

⑨声《こえ》に出《だ》して読《よ》むと、「にじゅうさんまんろくせんななひゃく」ですね。
⑩100倍《ばい》にする時《とき》は、数《かず》の右側《みぎがわ》に0を2つつけましょう。

●83ページ【チャレンジテスト2】

次《つぎ》の計算《けいさん》をしましょう。

①
28
19)532
38
152
152
0

②
69
52)3588
312
468
468
0

分数《ぶんすう》の計算《けいさん》をしましょう。

③ $\frac{2}{9} + \frac{5}{9} = \frac{7}{9}$

④ $\frac{4}{7} - \frac{1}{7} = \frac{3}{7}$

⑤ $\frac{11}{3} + \frac{2}{3} = \frac{13}{3}\left(4\frac{1}{3}\right)$

⑥ $3\frac{2}{5} - 1\frac{1}{5} = 2\frac{1}{5}\left(\frac{11}{5}\right)$

計算《けいさん》の順《じゅん》じょに気《き》をつけて、次《つぎ》の計算《けいさん》をしましょう。

⑦ 59＋240÷6
＝59＋40 ＝99

⑧ 8×(6−4)÷2
＝8×2÷2＝16÷2
＝8

千《せん》の位《くらい》を四捨五入《ししゃごにゅう》して、一万《いちまん》の位《くらい》までのがい数《すう》にしましょう。

⑨ 82567→80000 (0)

⑩ 26847→30000 (+1)

①は19を20、②は52を50と考《かんが》えると、商《しょう》の見当《けんとう》をつけやすいですね。

③④⑤分子《ぶんし》どうしを計算《けいさん》しましょう。⑤は、仮分数《かぶんすう》を帯分数《たいぶんすう》に直《なお》しても正《せい》かいです。
⑥は、整数《せいすう》どうし、分数《ぶんすう》どうしを計算《けいさん》する方法《ほうほう》と、仮分数《かぶんすう》に直《なお》して計算《けいさん》する方《ほう》法《ほう》があります。

⑦⑧　①(　)の中《なか》→②×、÷→③＋、−の順《じゅん》に計算《けいさん》しましょう。

⑨⑩千《せん》の位《くらい》の数《かず》が0～4の場合《ばあい》は「捨《す》てる=0にする」、5～9の場合《ばあい》は「入《い》れる=一《ひと》つ上《うえ》の位《くらい》に＋1」しましょう。

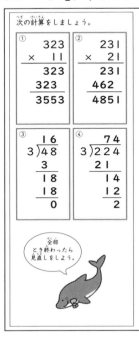

執筆者紹介

伊庭葉子 (いば・ようこ) [監修]

株式会社 Grow-S 代表取締役 (特別支援教育士)
1990年より発達障害をもつ子どもたちの学習塾「さくらんぼ教室」を展開。生徒一人ひとりに合わせた学習指導、SST(ソーシャル・スキル・トレーニング) 指導を実践している。教材の出版、公的機関との連携事業、講演や教員研修なども行っている。

小寺絢子 (こでら・あやこ)

株式会社 Grow-S 教室運営部・教務リーダー
さくらんぼ教室・教室長を歴任。わかりやすく楽しい学習指導、SST 指導を実践している。現在は教務リーダーとして、学習や SST のカリキュラム作成、教材作成、人材育成など幅広く担当している。

株式会社 Grow-S　さくらんぼ教室

勉強が苦手な子ども、発達障害をもつ子どものための学習塾。1990年の開設以来、「自分らしく生きるために、学ぼう。」をスローガンに、一人ひとりに合わせた学習指導、SST 指導を実践している。千葉県・東京都・神奈川県・茨城県の13教室で2歳～社会人まで2,500人が学習中(2021年3月現在)。教材の出版、学校での出張授業や研修、発達障害理解・啓発イベントなども行う。
さくらんぼ教室ホームページ
http://www.sakuranbo-class.com/

CD-ROM付き
自分のペースで学びたい子のための
サポートドリル
漢字・計算　すてっぷ4

2021年7月10日　初版第1刷発行

監　修　伊庭葉子
著　小寺絢子
発行者　花岡萬之
発行所　学事出版株式会社
〒101-0021　東京都千代田区外神田2-2-3
電話03-3255-5471
HPアドレス　https://www.gakuji.co.jp

企画　三上直樹
編集協力　狩生有希（株式会社桂樹社グループ）
デザイン・装丁　中田聡美
印刷・製本　研友社印刷株式会社

ISBN 978-4-7619-2707-3 C3037